50대,
이력서 쓰는 아빠

50대,
이력서 쓰는 아빠

초판 1쇄 발행·2015년 8월 18일
초판 2쇄 발행·2021년 11월 15일

지은이·박영재
펴낸이·이종문(李從聞)
펴낸곳·(주)국일미디어

등 록·제406-2005-000025호
주 소·경기도 파주시 광인사길 121 파주출판문화정보산업단지(문발동)
영업부·Tel 031)955-6050 | Fax 031)955-6051
편집부·Tel 031)955-6070 | Fax 031)955-6071

ⓒ 2015
이 책의 저작권은 저자와 국일미디어에 있습니다. 서면에 의한 저자와
출판사의 허락 없이 이 책에 실린 글이나 그림의 무단 전재와 복제를 금합니다.

평생전화번호·0502-237-9101~3

홈페이지·www.ekugil.com
블 로 그·blog.naver.com/kugilmedia
페이스북·www.facebook.com/kugilmedia
E-mail·kugil@ekugil.com

·값은 표지 뒷면에 표기되어 있습니다.
·잘못된 책은 구입하신 서점에서 바꿔드립니다.

ISBN 978-89-7425-621-0(13190)

50대, 이력서 쓰는 아빠

박영재 지음

국일미디어

프롤로그

지난 2004년, 일본에서는 '2007년 문제'라는 국가적 과제가 대두하였다. '2007년 문제'란 일본의 베이비붐 세대인 단카이 세대의 퇴직이 2007년부터 시작되기 때문에 이에 따라 발생하는 여러 문제를 일컫는 것이다. 퇴직한 단카이 세대에게 발생할 수 있는 여러 문제를 검토하고 국가적으로 대책을 마련하자는 것이 그 주된 내용이었다. 일본이 이 문제를 해결한 것은 2006년에 시행된 '신고령자고용안전법' 덕분이었다. 이는 정년 시점을 60세에서 65세로 늦춰 단카이 세대의 퇴직 자체를 늦추는 법률이었다.

이제 우리 실정을 생각해보자. 현재 우리나라의 퇴직 대책은 답답하기 그지없다. 베이비붐 세대 맏형인 55년생은 이미 지난 2008년부터 퇴직을 시작했고 지금도 수많은 50대 베이비부머가 재취업 정글로 던져지고 있다. 문제는 이들의 퇴직 후 생활에 대해 국가나 사회 차원에서 마련된 대책이 없다는 점이다.

아무런 준비 없이 정글로 던져진 50대 아빠는 가족을 위한 책임감에 고군분투하고 있으나, 당장 정글을 탈출하기 위한 지도 한 장도 손에 쥐고 있지 않다. 나침반도, 비상식량도 없이 오로시 가신 것은 몸뿐이다. 그렇게 정글 속에서 헤매다가 결국은 늪에 빠지거나, 야생동물에게 물려 탈출에 실패하고 만다.

필자도 IMF 당시 35세 나이로 다니던 회사에서 하루아침에 해고된 경험이 있다. 이 책을 집필하면서 해고된 다음 날 아침에 일어났을 때 옆에서 곤히 자고 있던 아내와 당시 6살, 4살이었던 아이들을 보면서 느꼈던 막막한 감정이 다시 떠올랐다. 그 후 일을 찾기 위해 노력했던 것, 섣부르게 PC방을 창업했다가 망해 8천만 원을 손해 봤던 것, 업계로 재기한 것, 새로운 직업으로 도전했던 것, 마지막으로 현재 운영하는 한국은퇴생활연구소까지…….

그때의 마음을 모두 담아 이 책을 집필했다. 퇴직 후 다양한 대안을 찾고 있는 우리 50대 아빠에게 도움이 되었으면 하는 마음이 간절하다. 이 책이 정글을 탈출하는 데 유용한 지침서가 되었으면 좋겠다. 혹시 일자리 지원과 관련된 정보가 필요한 독자가 있다면 필자가 운영하는 블로그(tzang1.blog.me)를 통해 소통할 수 있다. 메일 주소를 남기면 그때그때 필요한 정보를 제공하겠다.

이 책에 등장하는 이야기들은 필자가 그동안 겪었던 경험과 강의 현장에서 만난 다양한 이의 이야기를 토대로 구성했다. 사례 중 일부가 실재하는 특정 인물과 유사하다면 이는 우연에 기인한 결과임을 미리 밝혀둔다.

IMF 당시에 6살이었던 큰딸 하정이가 올해 직장생활을 시작했고, 4살이었던 현성이는 작년부터 자신의 꿈을 실현하기 위해 가평에서 열심히 직장생활을 하고 있다. 멋지게 성장한 우리 하정이와 현성이가 자랑스럽다. 그리고 대책 없이 좌충우돌하는 못난 남편 옆에서 중심을 잡고 묵묵히 내조해준 아내에게 깊은 감사의 마음을 전한다.

박영재

차례

chapter 1
50대 아빠, 정글로 던져지다

김 부장, 그동안 수고했어요	12
정글에서 다시 이력서를 써야 하는 50대 아빠	18
퇴직, 죽음만큼이나 치명적인 스트레스	24
힘들지만 극복할 수 있다	32

chapter 2
정글에서 살아남기

나는 누구인가?   36
나의 SWOT 분석하기 | 나의 전용성기술(Transferable Skill) 찾아보기 | 고용노동부 워크넷 이용하기

탱크처럼 밀어붙이자   45
전직지원서비스 | 장고 끝에 악수(惡手) 없다

언제 어디로 갈 것인가를 정하자   51

집에 아픈 사람이 있으면 널리 알려라   55

곳간에서 인심 난다   58
퇴직 시점 자산 확인하기 | 내 금융자산 정리하는 방법 | 50대의 가장 기본적인 재무목표 - 부채정리 | 실업급여 챙기기 | 국민연금은 어떻게 해야 하나 | 건강보험은 어떻게 해야 하나 | 주택연금 | 귀찮지만 소소한 납입금도 챙기자

기술적 흐름에서 뒤처지지 말자   74

chapter 3
정글에서 탈출하기

정글 탈출을 도와주는 프로그램   80
성실프로그램

내 커리어 활용하기   84
있을 때 조심하자(평판조회) | 구직활동에 투자하는 시간 | 제대로 된 이력서부터 준비하자 | 중장년일자리희망센터 | 산학협력 중점교수

새로운 활동의 장 찾기   97
직업에 대한 편견을 버리자 | 장년취업인턴제 지원사업(장년인턴제) | 내일배움카드 | 중장년취업아카데미 | 50대 아빠의 재취업 10계명 | 중소기업 이해하기

내 주변의 후원자를 찾아라   119

개울을 건너기 위해서는 징검다리도 필요하다   122

목마른 사람이 우물판다   126

chapter 4
정글 개간하기

위험한 도전, 창업   132
시니어기술창업스쿨 | 시니어창업센터 | 서울특별시 창업스쿨 | 50대 아빠의 창업성공 10계명

나 자신이 기업이다   151
1인 창조기업

50대 아빠가 뭉친다   160
사회적기업 | 협동조합 | 마을기업

고향에서 자연과 함께 살리라   170
어디로 갈 것인가? | 집과 농지는 언제 구입할 것인가? | 귀농·귀촌 교육 충분히 활용하기 | 귀농·귀촌 지원정책 이용하기 | 귀농귀촌종합센터 | 체류형 농업창업지원센터 | 선도농가 실습지원 | 귀농인의 집 | 50대 아빠의 귀농·귀촌 성공 10계명

chapter 5
정글에서 슈바이처가 되다

슈바이처 효과 — **188**
경기도5563새출발프로젝트 | 봉사활동의 호혜성 | 앙코르커리어

사회공헌활동지원사업 — **196**
해외에서 활동하기 | 중장기자문단과 해외전문가 파견사업

chapter 6
정글에서 다시 쓰는 50대 아빠의 멋진 이력서

몇 살부터 노인일까 — **206**
아빠는 살아남아야 한다 — **215**
평생 내 일을 찾자 — **219**

chapter 01

50대 아빠, 정글로 던져지다

사회를 이끄는 주역인 50대 아빠, 베이비붐 세대는 활황기와 불황기를 모두 겪은 대한민국의 초석이다. 사회와 가정을 위해 한몸 바쳐 일해온 50대 아빠는, 이제 퇴직에 직면하여 퇴직이라는 죽음만큼 커다란 스트레스에 직면하게 되었다.

김 부장,
그동안 수고했어요

"김 부장, 그동안 수고했어요."

단지, 이 한마디였다.

1960년생 김동완 부장. 87년 서울의 한 사립대학을 졸업하고 가족의 축하를 받으며 중견기업에 입사해 사회생활을 시작했고, 26년이 흘렀다. 김 부장 또래라면 누구나 그렇듯이 회사는 김 부장의 모든 것이었고, 삶의 전부였다. 지금 대학 3학년인 큰아들이 어렸을 때, 주변 동료들이 "아기는 많이 컸느냐?"고 물어보면 "응, 이만큼"하면서 양팔을 벌려 대답하곤 했다. 항상 밤이 깊어서야 퇴근하던 그는 아들이 누워 자는 모습만 볼 수 있었기 때문이다.

김 부장 같은 베이비붐 세대들에게 직장생활은 오직 회사에 충성을 다하는 것이었다. 직원들은 그저 열심히 일하기만 하면 회사에서 알아서 세세히 챙겨주었다. 그렇게 열심히 일하다 보면 자연히 가정에 소홀해지게 된다. 그것이 섭섭했던지 그의 부인은 지금도 신혼 때 이야기를 한다.

80년대 말, 90년대 초에는 호텔작업이라는 것이 있었다. 호텔작업이란 어떤 프로젝트가 있을 때 부서원들이 낮에는 정상근무를 하고 밤에는 회사 근처에 모여 숙식을 함께하면서 공동작업을 진행하는 것인데, 대개 그 기간은 2~3일 정도다. 김 부장은 부모님을 모시고 신혼생활을 시작했는데, 공교롭게 결혼한 지 두 달 만에 호텔작업에 투입되었다. 처음에는 한 3일 정도 걸릴 것이라고 예상되어 그에 맞는 속옷과 양말을 챙겨서 부인에게 "사흘 후에 보자."며 나왔는데, 설상가상으로 일이 꼬여서 6일 동안 호텔작업을 계속하게 되었다.

호텔작업이 한창이던 토요일 오전에 신혼인 아내와 통화를 하는데 아내가 엉엉 우는 것이었다. 그도 그럴 것이 김 부장 아내의 입장에서는 남편 하나 보고 결혼했는데, 아무리 일이 있다지만 남편이라는 사람은 집에는 들어오지 않고, 낯선 시댁 식구와 함께 지내다 보니 스트레스가 쌓일 수밖에……. 당시 상사에게 이 이야기를 했더니 그도 미안했던지 일찍 보내준다고 보내준 것이 토요일 오후 6시였다. 그만큼 김 부장에게 회사의 존재는 가족보다도, 아내보다도 우선이었다.

하지만 회사에 충성을 다한 김 부장의 마음속에는 이제 청춘을 다 바친 회사에 대한 자부심보다는, 브루투스의 배신에 치를 떠는 카이사르가 느꼈던 배신감만 남아 있었다. 인생에서 가장 황금기였던 20대 후반에서 50대 중반이 통째로 날아가 버렸다는 생각이 들었다.

2013년 5월, 정년 60세 연장법이 개정되었지만 이것은 제도에 불과했다. 오히려 회사에서는 비용이 많이 들어가는 나이 많고 직급이 높은 선임 직원들을 정년연장제도가 시작되기 전에 정리하기 시작했다. 그렇다고 희망퇴직이나 명예퇴직을 할 경우 남은 기간의 퇴직금을 정산해줘야 하기 때문에, 이 1~2억을 아끼려고 직원들 스스로 사표를 쓰도록 유도하는 것이다.

회사에서는 김 부장과 비슷한 연배의 선임 직원들을 팀원이 없는 명목상의 팀장으로 발령하고 서서히 고사시키는 전략을 썼다. 입사 후 영업지원과 관리만 하던 김 부장 역시 갑자기 팀장으로 발령 나 영업목표를 부여받았다. 이 과정에서 회사는 터무니없이 높은 영업목표를 부여하고는 '이를 달성할 수 있는 계획을 내라', '실적으로 보여줘라', '지난주 영업활동은 어땠느냐?', '어디서 누구와 접촉했느냐?', '이달에는 왜 실적이 없느냐?' 하면서 끊임없이 스트레스를 가하는 것이었다.

또한, 그런 보여주기식 발령 때문인지 회사 분위기도 심상치 않았다. 젊은 직원들은 나이 든 선임 직원들을 투명인간 취급하기 시작했는데, 그건 일종의 집단적 따돌림이었다. 처음에는 '내가 26년간 충성을 다 바친 대가가 이거야?'라는 생각이 들어 화가 나기도 했지만, 대세가 그런 것을 어찌 하리오.

김 부장은 내학교 3학년, 고등학교 3학년인 아이들의 졸업까지 몇 년만이라도 버텨보려고 했지만 결국 2013년 12월에 사표를 내고 말았다.

담당 임원에게 사직서를 제출하던 날, 임원이 했던 한마디가 "김 부장, 그동안 수고했어요."였다. 사직서를 제출하고 나오는데, 청춘을 다 바친 회사를 그만둔 것에 대한 섭섭함과 아쉬움보다는 지난 일 년간 회사로부터 닦달

당했던 일이 먼저 떠올라 오히려 시원하고 후련한 감정이 들었다.

집에 와서 아내에게 사표 제출한 이야기를 하면서, 담당 임원이 수고했다는 말 달랑 한마디뿐이더라고 서운한 마음을 토로했더니 아내는 위로해주기는커녕 오히려, "당신은 그렇게 당했으면서 그냥 확 나와 버릴 것이지 뭐가 좋다고 사직서를 들고 들어갔느냐"면서 한소리 하는 것이다.

이게 바로 이 땅의 베이비부머다.

베이비부머는 전쟁 직후 사회적, 경제적 안정에 따른 높은 출산율로 형성된 세대를 말하며, 이들은 생산가능인구를 대거 공급하며 경제성장을 이끌고 있다. 한국의 경우는 1955~1963년 사이에 출생한 사람들로, 통계청이 추산한 인구는 약 709만 명이고, 이 중 312만 명 정도가 일하고 있는 것으로 추정된다. 미국의 경우 1946~1964년 사이에 출생한 사람을 지칭하며 인구는 7,730만 명에 이르고, 일본의 경우는 1947~1949년 사이에 출생한 사람을 지칭하며 다른 말로는 단카이(團塊)세대라고 부른다. 우리나라 베이비부머의 맏형인 55년생이 올해 60세가 되고 막내인 63년생이 52세니, 50대 아빠의 특징은 곧 베이비부머의 특징이다. 이들은 바로 윗세대인 60대와는 확연한 차이가 있다. 또한 이들은 누구보다도 당당하고 풍요롭게 살았고, 제대로 된 교육을 받은 세대다.

고등학교 졸업 이상의 학력을 소유한 비율을 살펴보면 60대는 50%임에 비해, 베이비부머는 75% 이상이나 된다. 양질의 교육을 받은 이들은 숙련된 고급인력으로서 산업화의 토대로 기능했다. 또한 당시는 급격한 경제성장기였기 때문에 어렵지 않게 일자리를 잡을 수가 있었다.

베이비부머는 중학교 무시험 입학, 고교 평준화를 겪었다. 해마다 100만 명에 가까운 신생아가 출생했기 때문에 학급당 학생 수가 70명이 넘는 과밀학급을 경험하기도 했다. 그에 따라 교실이 부족해 2부제 수업을 받았고, 대학 진학에서는 그 어느 연령대보다 치열한 경쟁을 해야만 했다.

이들은 10대, 20대에 통행금지나 유신과 같은 권위주의 정치체제를 경험하며 민주화운동의 주역으로 1987년 6월 민주항쟁을 이끄는 토양이 되었다. 이들이 이 땅에 민주화를 일구어낸 주체인 것이다.

베이비부머는 국가 경제의 급속한 성장 과정에서 다양한 제도 및 인프라의 혜택을 받은 첫 세대다. 이들이 20대 초반이었던 1977년 건강보험제도가 시작되었고, 30대 초반인 1988년에는 국민연금제도가 도입되었으며, 40대에 접어들면서 수출 1천억 달러를 달성했다. 그리고 1인당 국민소득 1만 달러 시대가 시작되었다. 이렇게 향상된 소득을 바탕으로 80년대 이후 신규 아파트 구매의 주역이 되었고, 이때 정부에서는 이들을 위해 200만 호의 주택을 신규 건설하면서 1기 신도시가 탄생하기도 했다. 또한, 이들이 30대였던 1986년부터 1991년까지 승용차 판매량 증가율이 연평균 35%에 달했으며, 1998년에 '1가구 1자가용'시대가 되었다. 1991년 해외여행이 자유화되면서 해외여행 붐을 일으키기도 했다. 1980년대 중반부터 시작된 베이비부머의 소비 붐은 국내 전자업체와 자동차업체에 탄탄한 내수시장을 제공하였으며, 국외시장으로 진출할 기회를 만들어주었다.

베이비부머는 문화적으로도 그전과는 커다란 차이가 있다. 1980년부터 컬러TV 방송이 시작되었고 프로야구, 프로축구 같은 대형 스포츠를 즐기기 시작했다. 또 대중음악, 오락 등 다양한 문화를 받아들여 경험한 세대이며, 이들이 바로 요즘 유행하는 7080 문화의 주역이다.

하지만 이들도 커다란 시련을 맞이하였으니, 1997년 IMF 금융위기가 그 것이다. 평생직장으로 믿었던 회사로부터 하루아침에 해고 통보를 받았으며, 이때 회사에서 중간간부로 있던 일부 베이비부머는 도태되었다. 또 많은 베이비부머들이 고급간부가 될 무렵인 2008년에는 금융위기로 옷을 벗고 말았다. 그나마 살아남은 이들도 지금 정년을 앞두고 정글로 내쳐지게 된 것이다.

정글에서 다시
이력서를 써야 하는
50대 아빠

우리는 누구나 퇴직에 대한 환상을 가지고 있다. '퇴직 후에는 한적한 시골로 내려가서 멋진 전원주택을 짓고, 잔디를 가꾸며 강아지도 한 마리 키우고, 여유롭게…….' 이런 생각을 한 번쯤 해보지 않은 사람은 아마 없을 것이다.

하지만 대부분의 베이비부머는 정년도 채우지 못하고 50대에 원치 않는 퇴직을 하게 되니, 이 또한 사치스러운 환상이 되고 말았다. 많은 회사에서 55세 또는 58세로 정년을 정해놓기는 했지만, 정년을 채우는 사람은 극히 일부에 불과하고 대부분의 근로자는 정년 전에 퇴직하는 것으로 나타났다. 통계청 발표에 따르면 대한민국 급여생활자의 평균 정년은 53세다.

이 땅의 50대가 정년보다 이른 나이에 퇴직이라는 정글에 던져지는데, 먼저 퇴직 후에 가장 큰 쟁점이 되는 경제적인 부분을 살펴보도록 하자. 다음은 모 일간지에 게재된 기사다.

  50대 평균 순 자산이라는 4억5천77만 원은 결코 적은 돈이 아니다. 하지만 아래의 기사를 토대로 분석해보니 자녀교육비 2천5백만 원, 평균 결혼비용 2억5천만 원을 빼면, 실제 노후자금으로 활용할 수 있는 자산은 단돈 1억7천577만 원에 불과하다. 그래서 9년 후에는 빈털터리가 된다고 단정한 것이다. 기사를 쓴 기자는 만일 자녀교육비와 결혼비용을 한 푼도 쓰지 않고 4억5천77만 원을 모두 은행에 예치하더라도 버틸 수 있는 시간은 16년

> 평균적인 50대 한국인 김한국(55·가상 인물)씨 사례를 보자. 재산(총재산-부채)은 '삼성생명 은퇴백서' 설문조사 결과에서 도출된 50대 평균 순자산(4억5077만원)을 감안해 5억원으로 가정한다. 하지만 이 돈을 모두 노후설계에 쓸 순 없다. ▶통계청이 조사한 50대 평균 자녀교육비 5년치(2500여만원)와 ▶한국소비자원이 조사한 아들·딸 2인의 평균 결혼비용 2억5000여만원을 빼니 2억2500만원이 남았다. 삼성생명 설문조사에 따르면 퇴직자 월평균 생활비는 238만원이었다. 은행 예금금리는 지난해 11월 평균치인 연 2.1%, 물가상승률은 지난해 소비자물가상승률 1.3%를 적용했다. 이를 토대로 추산해보니 김씨는 부동산까지 모두 노후자금으로 투입한다고 해도 9년 뒤면 빈털터리가 되는 것으로 나타났다. 병원비 등 예상치 못한 지출은 감안하지 않은 결과다. 물론 62세가 되는 7년 뒤부터는 국민연금을 받을 수 있지만 현 상태로는 30년을 버티기엔 턱없이 부족하다.
>
>   - 중앙일보 2015년 1월 16일

에 불과하다고 분석했다. 여기에 다른 변수가 나타난다. 바로 고령화다.

통계청 발표에 따르면 2013년 생명표 기준으로 기대수명은 평균 81.9세(남자 78.5세, 여자 85.1세)에 이른다. 그런데 중요한 것은 2012년에 비해 평균수명이 남성은 0.6세(77.9세→78.5세), 여성은 0.5세(84.6세→85.1세) 증가했다는 것과 이런 현상이 지난 20여 년간 꾸준히 계속되었다는 사실이다. 해마다 통계청에서 생명표를 발표할 때마다 짧게는 2개월, 길게는 6개월씩 평균수명이 늘어나고 있다.

50대 아빠에게 닥친 자녀교육비, 결혼비용을 충당하다 보면 노후자금은 부족할 수밖에 없다. 그런데 '노후'의 기간은 점점 길어지고, 막막하기만 하다. 바로 이런 문제 때문에 퇴직 후 여유 있는 노후생활은 기대하기 힘들고, 50대 아빠는 어떤 방법이든 일을 찾아야 하는 것이 현실이다.

이종호 씨(59세)는 작년 초에 공기업 본부장으로 퇴직했다. 부인은 현재 초등학교 교사이며, 자녀들도 모두 나름대로 사회생활을 열심히 하고 있다. 국민연금은 2년 후부터 약 130만 원가량 나올 예정이지만 개인연금과 상가에서 나오는 임대료만으로도 자신과 가족이 생활하는데 경제적으로 큰 어려움은 없다.

퇴직 후 3개월 동안은 정말 편했다. 처음에는 여유롭게 늦잠도 자고 운동도 하고, 산에도 다니면서 자유를 만끽했다. 하지만 이도 잠시. 지난 30년 동안 그렇게 치열하게 살았는데, 정작 퇴직하고 집에만 있으려니 점점 스스로가 무기력해지는 것을 느꼈다. 부인과 아이들은 모두 아침 일찍 일어나 바쁘게 출근하고, 집에 남은 이종호 씨는 집안을 정리하거나 TV를 보는 일상의 연속이었다. 혼자 집에 우두커니 있다 보니 정말 뒷방 늙은이가 된 것 같고, 잉여 인간이 된 것 같았다.

이렇게 지내서는 안 되겠다는 생각이 들어 아침에 출근하는 아내를 학교까지 자동차로 태워주기로 했다. 아내는 "정말 편하다."면서 그렇게 좋아하더니, 어느 날 아침에 문제가 생겼다. 아내가 차에서 내리면서 "여보, 집에 가면 방 좀 정리하세요."라고 이야기하는데, 순간 왜 그렇게 울컥하던지……. 물론 아내는 무심코 한 이야기겠지만, 집에만 있던 이종호 씨 입장에서는 너무도 서운한 말이었다.

그날 마음도 울적해서 오랜만에 먼저 퇴직한 고등학교 동창을 만났다. 함께 소주 한잔 기울이는데, 친구가 이 이야기를 들더니, "야, 집에만 있으니 그런 꼴을 당하지! 그러지 말고 동창회 사무실로 나와! 그동안 소원했던 동창들도 만나고, 너 등산 좋아하잖아! 동기들 등산모임도 있으니, 함께 산에도 다니고!"라고 제안했다.

이종호 씨는 그 후 매일 아침 동창회 사무실로 출근하기 시작했다. 오랜만에 만난 친구들과 옛이야기도 하고, 등산도 하고, 또 학창시절 생각하면서 내기 당구도 치면서……. 하지만 그 생활도 얼마 지나니 생활 자체가 너무 무미건조하다는 느낌을 받았다. 드물지만 현역에서 활동하는 친구들이 부럽기도 하고, 또 스스로가 이대로 지내기는 너무 젊다는 생각도 들었다. 무엇보다, 자신이 지난 시절 쌓은 노하우를 그냥 썩히고 있는 것 같았다.

그런데 막상 일자리를 찾아보니 59세인 이종호 씨에 대한 고용주들의 선입견이 너무도 컸다. 먼저 나이에 대한 편견이 있었고 공기업 본부장까지 했으니 그에 맞는 대우를 원하지 않을까 하고 꺼리는 것이다. 이종호 씨는 많은 급여를 바란 것도 아니고, 대단한 대우를 생각한 것도 아니다. 그런데도 고용주 측에서 부담 갖는 것이 눈에 보였다.

이종호 씨는 취업지원기관에서 소개받은 전직 지원 상담사와 함께 구직 전략을 수정하기로 했다. 이종호 씨가 구직을 원하는 것은 경제적인 필요성보다는 자신의 능력을 발휘할 수 있는 장이 필요하기 때문이다. 그래서 그는 코이카(KOICA)에서 시행하고 있는 해외 봉사활동을 눈여겨보았다. 또 다행스럽게도 현직에 있을 때 MBA를 취득해놓아 산학협력중점교수에 대한 것도 알아보고 있고, 다양한 프로보노(Pro bono) 활동에 관심이 있다. 이렇듯 현직에 있을 때처럼 노동만 생각하는 것이 아니고 다양한 분야에서 제 역할을 할 수 있는 일을 찾고 있다.

1953년 미국의 한 조사에서 일반인을 대상으로 '경제적인 필요가 없어도 일을 계속할 것인가?'에 대한 질문을 했다고 한다. 이에 취업한 남성 중 75%가 경제적인 필요와 상관없이 일을 계속하고 싶다고 응답했고, 대부분의 여성도 같은 답을 했다. 요즘은 일하는 데 경제적인 측면 이외에 분위기나 직장 동료들과의 관계, 근로환경, 자기계발, 자아실현 등 정신적, 심리적 측면을 중요하게 여기고 있지만, 1950년대 초반에는 이러한 부분까지 사회적 관심이 집중되지 않았던 때라 이 결과는 의미 있는 것이다.

즉 사람들이 겉으로 표현하지는 않더라도 일하는 데 있어서 경제적인 면 이외의 부분을 매우 중요하게 생각하며, 일에서 얻는 기쁨과 보람을 중요시한다는 사실을 보여준다. 인간은 일과 휴식의 균형을 추구해야 행복하고 건강하게 살 수 있다.

여러 가지 이유로 퇴직 후에 일을 찾는 50대가 늘고 있지만, 현실적으로 재취업이 쉽지만은 않다. 고용노동부에서 발표한 2014년 장년층 재취업 현황을 보면 재취업에 성공한 사람 중 1년 이상 상용직 재취업자는 27.7%에 불과하고, 1년 미만의 임시직 29.1%, 자영업 26.7%, 일용직 16.5%로 나타났다. 그만큼 고용이 불안정하다는 의미이다.

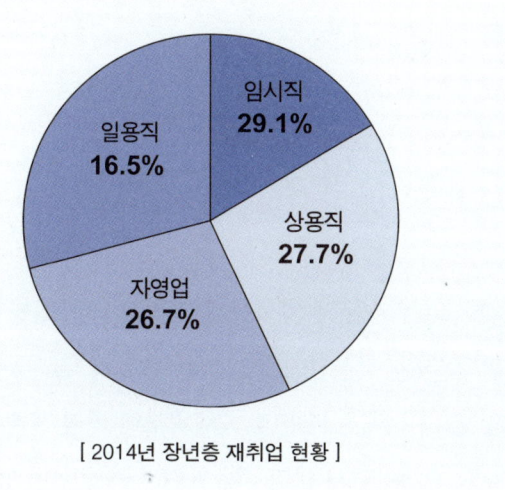

[2014년 장년층 재취업 현황]

퇴직, 죽음만큼이나 치명적인 스트레스

정년퇴직과 같은 자발적 퇴직이건 정리해고나 희망퇴직 등의 비자발적 퇴직이건, 퇴직은 직장인에게 커다란 스트레스로 작용한다. 지난 2013년 한국고용정보원에서는 '사무직 베이비부머 퇴직 설계 프로그램 개발 연구' 프로젝트를 진행하면서 퇴직자와 관련된 아주 의미 있는 조사를 진행했다. 사무직으로 재직하다가 퇴직한 근로자를 대상으로 초점집단면접(Focus Group Interview, 이하 FGI)을 실시하여 사무직 퇴직자의 퇴직에 대한 정서적·행동적 반응, 재취업에 대한 태도 및 장애 요인 등에 대해 알아보았다.

FGI는 2013년 7월 23일과 8월 14일, 두 번에 걸쳐 실시했다. 1차 FGI는 4년제 대졸 학력의 대기업 출신을 중심으로, 2차 FGI는 4년제 대졸 미만의 중소기업 출신을 대상으로 실시했다. 참여자의 연령대는 40대 후반이 2명, 50대가 6명이며, 퇴직사유는 명예퇴직 1명, 정년퇴직 1명, 자발적 퇴직 2명,

구조조정 2명, 권고사직 2명으로 구성되었다.

참여자의 퇴직 이후 정서적 반응을 시간의 흐름에 따라 일반화시켜보면 '낙관 → 의기소침 → 초조와 불안 → 분노'의 과정을 거치는 것으로 나타난다. 퇴직자는 퇴직 직후에는 자신의 경력에 대한 자부심을 잃지 않고 조만간 재취업이 될 것이라는 막연한 자신감을 유지한다. 그러면서 그동안 동경했으나 바빠서 실행하지 못했던 활동(여행, 등산, 혼자 빈둥거리기 등)을 한다. 이러한 활동은 짧게는 한 달에서 길게는 석 달까지 계속되었다. 이 기간에는 가족의 지지도 어느 정도 유지되었으나 일반적으로 3개월을 넘지 못했다. 이후로는 가족과의 어색한 관계가 시작되는데, 특히 부인과의 관계에서 어려움이 생긴다. '남들은 제자리에 있는데 나만 왜 이렇게 떨어져 나왔지?'라는 열등감과 가장으로서의 무기력을 느끼면서 영향력이 없어지는 것에 대한 분노의 감정도 나타난다.

3개월이 지나면 본격적으로 구직활동에 나서는데, 이 단계에서 퇴직자는 재취업이 현실적으로 불가능에 가깝다는 사실을 비로소 받아들인다. 반복해서 구직활동에 실패하고 상상을 초월한 구직 경쟁률을 생각하면 막연히 가지고 있던 자신감은 사라지고 의기소침해진다. 이것이 퇴직자들이 현실을 인식하는 단계이며 보통 퇴직 후 6개월 정도까지 지속되는 경향이 있다.

이런 과정이 반복되면 현실적으로 구직활동이 저하된다. 재취업 지원업체나 헤드헌터와의 접촉 빈도도 줄고, 네트워크를 통한 연락도 현저하게 감소한다. 퇴직자는 마치 영원히 취업이 되지 않을 것 같은 불안과 초조를 경험하게 되는데, 이는 가족에 대한 부양책임의 측면과 자신의 존재 자체에 대한 불신 때문이다.

반복되는 구직실패를 경험하면서 퇴직자는 눈높이를 낮추기 시작한다. 고소득, 괜찮은 일자리도 좋지만 일 자체에 더 큰 의미를 부여하는 것이다. 기회만 주어진다면 급여와 관계없이 내 경력과 노하우를 활용해 무엇이든 할 수 있다는 마음을 먹고 구직활동을 하지만, 현실적으로 구직시장에서는 이마저도 무시당한다.

이러한 희망의 부재에 따른 불안과 초조는 결국 분노의 감정으로 표출된다. 그 대상은 이전 직장, 예전 상사, 회사에서 관계했던 사람 같은 구체적인 대상이 되기도 하고, 현 사회와 같은 막연한 대상이 되기도 한다. 중요한 것은 이러한 분노가 자발적 퇴직자에게도 동일하게 나타난다는 사실이다. 이는 퇴직이 개인에게 지우기 어려운 외상(trauma)으로 남는다는 뜻이다.

물론, 이 조사가 사무직 퇴직자만을 대상으로 했다는 한계가 있기는 하지만 퇴직자에게 전반적으로 나타나는 정서적 변화를 보여준다는 점에서 의미 있다. 퇴직자는 자의적이든 타의적이든 퇴직 이유를 불문하고 퇴직 이후 '의기소침', '무기력', '분노' 등의 부정적인 정서를 경험한다.

'퀴블러로스 사망단계(Kubler-Ross death Stages)'라는 용어가 있다. 엘리자베스 퀴블러로스는 많은 환자의 임종을 지켜보면서 불치병 환자를 관찰 연구한 미국의 저명한 정신과 의사다. 그녀는 죽음을 앞둔 환자에 대해서 계통적인 연구를 하고, 불치의 질병을 지닌 환자가 그것을 받아들이는 데 여러 단계의 과정을 거친다는 것을 발견했다.

그녀에 따르면 죽음에 대한 단계는 5가지로 나뉜다. '거부(부정) → 분노 → 타협(흥정) → 의기소침(포기) → 수용'의 과정이 그것이다. 이 단계를 거처 환자는 최종적으로 자신의 죽음을 받아들이게 된다는 것이다.

먼저 환자가 의사로부터 시한부 인생이라고 통보받으면 그 사실 자체를 받아들이지 못하고 '거부(부정)'한다. 삶이 예전처럼 계속 이어질 것이라 여기며 치료가 끝나면 건강해진 모습으로 집으로 돌아갈 수 있다고 스스로 세뇌하기도 하고 "의사가 돌팔이야!"하고 의사를 불신하기도 한다.

두 번째로 '분노'의 단계가 오는데, 이때는 "왜 하필 나인가?" 하면서 자신이 죽어야 하는 상황에 대한 분노를 느낀다. 스스로에 대한 분노일 수도 있고, 자신을 이렇게 만들었다고 의심되는 사람에 대한 분노 등 다양한 형태가 나타난다.

세 번째 단계는 '타협(흥정)'이다. 환자는 자신의 상황에 대해서 타협점을 찾으려고 하고, 또한 흥정하기도 한다. 의사에게 언제까지만 살게 해달라고 애원하거나 신에게 기도하기도 한다.

네 번째 단계는 '의기소침(포기)', 모든 것을 포기하고 기력을 잃는다. 모든 것에 대한 의지를 놓고 미래를 기대하지도 않으며, 병마와 싸울 생각도 포기하고 의기소침해진다.

마지막으로 '수용' 단계를 거치는데, 자신의 죽음을 받아들이고 세상을 곧 떠나게 될 거라는 사실을 인지하며, 유언장을 작성하는 등 주변을 정리한다.

여기서 주목할 것은 퇴직 후에 나타나는 정서적인 심리상태(낙관 → 의기소침 → 초조와 불안 → 분노)와 말기 암 환자가 죽음을 받아들이는 심리상태(거부 → 분노 → 타협 → 의기소침 → 수용)가 놀랍도록 유사하다는 것이다. 50대 아빠가 퇴직 후에 받는 심리적인 스트레스는 어떤 면에서는 죽음과도 비교할만한 충격이다.

    2014년은 금융계 종사자들, 특히 여의도 증권맨에게는 칼바람이 불던 시기였다. 이호석 씨(53세)는 대학에서 경제학을 전공하고 80년대 후반에 모 증권사에 입사한 전형적인 증권맨이었다. 입사 초기에는 지점에서 근무하면서 혁혁한 성과를 올렸고, 그 능력을 인정받아 본사로 발령 받았다. 적립식 펀드 열풍이 일어날 때 관련된 부서를 맡아 다시 한 번 그의 진가를 발휘하여 회사 내에서도 '역시 이호석이야!'하는 찬사를 들으며 승승장구했다. 부장승진을 하고 2년이 지나니 지금처럼 능력을 발휘하면 월급쟁이의 꿈인 임원 승진은 물론이고, 사장이 되는 것도 불가능한 일만은 아닐 것 같았다. 그 후로 그는 자신이 회사 사장이라고 생각하면서 모든 업무를 처리했다. 자연스럽게 집은 잠만 자고 옷만 갈아입고 나가는 하숙집처럼 되었다. 그런 이 부장을 보고 부인이 "당신은 일에 미친 사람 같아. 그렇게 충성을 다한다고 월급이 더 나오는 것도 아닌데 왜 그렇게 휴일도 없이 일하는 거야?"라고 핀잔을 주면, 이 부장의 대답은 "왜 그래? 우리 나이에 이렇게 일할 곳이 있으면 감사하게 생각할 일이지. 또 이 정도는 일해야 임원도 되고, 사장도 될 수 있지!"였다.

    이런 회사에서 문제가 생겼다. 이호석 씨를 끌어주던 임원이 계열사 사장으로 발령이 나고, 경기가 악화되면서 감원에 대한 이야기가 나왔을 때 이호석 씨가 1순위로 거론되었다. 이호석 씨는 "아니 내가 업무 처리에 문제가 있었냐? 25년간 조직을 위해서 휴일도 없이 충성을 다했는데, 왜 내가 그만두어야 하느냐?" 하면서 사표를 거부하고 버티기 시작했다. 회사에서는

95년도에 입사한 직원들까지를 감원대상자로 정해 갖가지 명분으로 정리하기 시작했고, 결국 이호석 씨는 2개월 만인 2014년 3월에 회사를 나와야 했다. 사표를 제출하고 회사 현관을 나오는데, 항상 다니던 길이었건만 여의도 바람이 그렇게 싸늘한지는 그날 처음 알았다. 더구나 감원 통보를 순순히 받아들이지 않았다는 괘씸죄가 적용되어 위로금 조로 퇴직 후 3개월간 지급되던 급여조차도 받지 못하게 되었다.

3주 동안은 그냥 멍하게 지냈다. 아침에 눈을 뜨고 무의식적으로 씻고 출근 준비를 하는데, 아뿔싸, 갈 곳이 없는 것이다. 인터넷 서핑을 하는데, 왜 그렇게 증권사와 관련된 기사들이 눈에 띄는지. 또 메일을 확인하기 위해 회사 메일에 접속하니 계정은 막혀 있고……. 담배를 사러 집 앞 편의점에 나가다 아파트 현관 앞에서 아이들을 통학시키는 엄마들과 마주치면, 남들 다 출근할 시간에 동네를 어슬렁거리는 것이 창피하게 느껴졌다.

이호석 씨는 담배를 마트에서 몇 보루씩 미리 사서 챙겨놓고, 가능하면 낮에는 집 밖으로 나가지 않는 버릇이 생겼다. 이렇게 집에만 있게 되니 머릿속에 온갖 생각이 다 들었다. '내가 그때 이랬더라면 달라졌을 텐데', '왜 내가 휴일도 없이 그렇게 일했지'하고 자신의 이야기를 들어주지 않았던 엄 전무에 대한 원망과 미움이 교차하는 것이었다.

퇴직 후에 제일 먼저 해야 하는 것이 거주지 관할 고용센터를 방문하여 실업급여를 신청하는 것인데, 이마저도 창피하게 느껴져서 선뜻 움직여지지 않았다. "천하의 이호석 부장이 창피하게 고용센터에 가서 실업급여를 받아?" 하지만 한 달을 보낸 후 고용센터를 방문해 실업급여를 신청하고, 그에 따른 구직활동 보고서를 내기 위해 지인을 만나면서 다시 세상과 교류하기 시작했다. 그런데 전 직장에서 자신에 대해 안 좋은 소리를 하는 것이 귀에 들어오는 것이 아닌가?

다시금 불면의 밤이 시작되었다. 전 회사에 대한 배신감과 원망이 솟아나기 시작했다. 엄 전무에 대한 원망도 들었고, 마음속으로는 몇 번의 살인도 하였다. 답답한 마음에 줄담배만 피우다가, 어느 일요일 저녁 가슴을 쥐어짜는 것 같은 통증에 정신을 잃었다.

급성심근경색이었다. 고등학교 2학년인 아들이 늦게까지 공부하다가 아빠가 이상한 것을 발견하고, 119에 연락하여 응급실로 옮겼다. 이호석 씨는 종합병원 중환자실로 옮겨졌다. 의료진은 부인에게 마음의 준비를 하라고 했고, 부인은 너무도 암담했다. 할 수 있는 것은 하루 한 차례 면회를 통해서 의식 없는 남편의 얼굴을 바라보는 것이 전부였다. 매일 새벽 교회에서 남편을 위해 간절한 마음으로 기도를 시작했다. 40일이 지났을 때, 남편이 눈을 뜨더니 부인을 보고 눈물을 흘리는 것이다. 의식이 회복됐다. 호흡을 돕고자 기관지를 절개하고 삽관을 해놓아 말소리는 안 들리지만 입을 뻐끔거리며 부인에게 말을 건넸다.

의식을 회복하고 한 달 후, 일반 병실로 옮겼다. 물론 몸의 상태는 좋지 않았다. 지속적인 치료를 받아야 하고, 혼자 보행하기 위해서는 긴 시간 재활훈련을 해야 했다.

지금은 퇴원하고 일주일에 3번 통원치료를 받고 있다. 이호석 씨는 자신에게 일어난 일들이 실감나지 않는다. 지금도 꿈만 같다. 지금 제일 중요한 일은 꾸준한 재활훈련을 통해 혼자 거동하는 것이고, 그것이 부인과 아이들한테 보일 수 있는 최선의 모습이라고 생각하고 있다. 앞으로의 일에 대해

걱정하면 부인은 옆에서, "여보 당신은 죽음에서 살아난 사람이야. 몸만 회복하면 못할 것이 뭐가 있어? 죽어도 봤는데."라고 격려해준다.

이호석 씨는 다짐한다. "그래 죽음도 이겨냈는데 내가 못할게 뭐 있어!"

우리 주변에는 이러한 50대 아빠의 사례가 수없이 많다. 20년 이상 직장생활을 하던 급여생활자에게 퇴직은 죽음과도 같은 스트레스를 주는 것이 사실이다. 하지만 우리가 명심해야 할 것은 '죽음'과 '퇴직'은 분명한 차이가 있다는 것이다.

생각해보자. 우리 주변에 죽어본 사람이 있는가? 없다. 하지만 우리 주변에 퇴직한 선배들은 많다. 퇴직한 선배 중에서도 누구는 이전의 멋있던 모습을 잃고 망가졌고, 누구는 멋진 노후의 삶을 설계해 살아가고 있다. 주변을 살펴보면 내가 가야 할 길이 명확해진다. 망가진 선배의 삶을 잘 살펴 그들을 반면교사(反面敎師)로 삼고, 멋진 삶을 사는 선배들이 하는 대로 따라 하면 된다.

힘들지만
극복할 수 있다

　직장인들에게 퇴직에 대한 느낌을 물었더니 두 가지 상반된 이미지가 나타났다. 먼저 긍정적인 이미지로 '여행', '여유로운 생활', '취미생활', '전원생활', '안정적', '편안함', '자유로움' 등을 떠올렸다. 반대로는 부정적인 이미지도 나타났는데, '나이가 든', '쉬어야 할 나이', '사회에서 퇴장', '황혼', '쓸쓸하다', '허전하다', '무기력하다' 등이었다. 이 두 가지 상반된 이미지는 마치 시계추처럼 긍정적인 이미지와 부정적인 이미지 사이를 왔다 갔다 한다. 그런데 전반적으로는 부정적인 이미지가 훨씬 더 큰 것으로 나타났다.

　사실 퇴직에 대해서 나타나는 부정적인 이미지는 구체적인 것이 아닌 막연한 두려움일 뿐이다. 한때 정년과 관련해서 '오륙도', '사오정', '삼팔선', '이태백' 같은 나이와 관련된 유행어가 있었다. 이런 시대를 사는 우리가 50대에 퇴직했으면 그래도 오래 버틴 것이 아닌가? 사람은 누구나 일정 나이가 되면 있던 조직에서 퇴직하게 되고, 은퇴하게 되고, 그렇게 나이 들어가는 것이 아닌가? 이제 50대 아빠는 '퇴직'이라는 용어를 특별한 것이 아니고 당연하게 받아들여야 한다. '피할 수 없으면 즐겨라.'라는 말이 있다. 중요한 것은 내가 이를 어떻게 수용하느냐는 것이다.

퇴직에 대해서 두려워할 것만이 아니라 현실을 직시해야 한다. 주변 환경을 살피고 나의 부족한 부분을 보완하면서 적극적으로 새로운 변화에 적응하고자 노력한다면, 50대에 주어진 퇴직이라는 변화도 새로운 기회가 될 것이다.

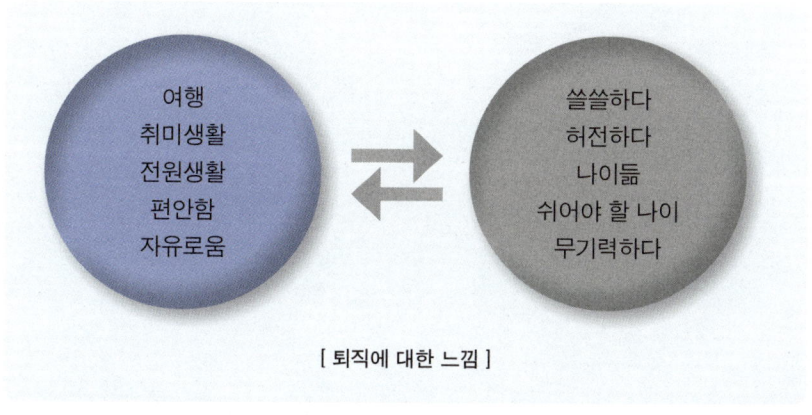

[퇴직에 대한 느낌]

chapter 02

정글에서 살아남기

우리는 흔히 인생을 마라톤에 비유한다. 42.195km. 과연 50대 아빠들은 이 마라톤 경주에서 어느 정도에 와 있을까? 이제 직장생활도 마무리되는 단계이니 피니시라인이 얼마 안 남은 것일까? 그러니 지금쯤 전력질주해서 인생 마라톤에서 승자가 되어야 하는 것이 아닐까? 인생 100세 시대라는 말이 일반화된 요즘 이런 섣부른 판단을 하면 큰일 난다. 50대는 인생 마라톤에서 막 반환점을 돈 지점인 것이다

나는
누구인가?

　우리는 흔히 인생을 마라톤에 비유한다. 42.195km. 과연 50대 아빠는 이 마라톤 경주에서 어느 정도에 와 있을까? 이제 직장생활도 마무리되는 단계이니 결승선이 얼마 안 남은 것일까? 그러니 지금쯤 전력질주해서 인생 마라톤에서 승자가 되어야 하는 것이 아닐까?

　인생 100세 시대라는 말이 일반화된 요즘 이런 섣부른 판단을 하면 큰일 난다. 50대는 인생 마라톤에서 막 반환점을 돈 지점인 것이다. 다시 말해서 이제까지 달려온 거리만큼 더 가야 한다. 그러기 위해서는 잠시 숨 고르며 지금의 나를 되돌아보고 점검해야 한다. 이제까지 나의 마라톤 경주에서 어떤 점이 좋았고 앞으로는 어느 부분을 보완해야 하는지, 또 이제까지는 도움이 되었지만 앞으로 부담되는 것에는 어떤 것이 있는지 살펴야 한다. 냉정하게 판단해서 버릴 것은 버리고 받아들일 것은 받아들여야 하는, 즉 내 인생을 리셋(Reset)하는 시기가 바로 50대다.

축구에는 전반전과 후반전, 그리고 때에 따라서는 연장전도 있다. 인생을 살면서 지금 내 상황이 축구로 치면 후반전이냐 아니면 연장전이냐를 판단하는 것은 중요한 문제다. 자신이 서 있는 위치를 판단하고 다른 계획을 설계하기 위해 꼭 필요한 일이다. 하지만 후반전이건 연장전이건 문제가 될 것은 없다. 왜냐하면 지금까지와 같은 규칙으로 성실히 경기를 계속하면 되기 때문이다.

하지만 경기가 끝났는데 다음 게임이 축구가 아닌 권투라면 이야기가 달라진다. 이제까지 내가 했던 축구는 11명이 함께 뛰면서 호흡을 맞춰나가는 경기였는데, 권투에서는 두 주먹을 불끈 쥐고 혼자서 적을 쓰러뜨려야 한다. 전과는 완전 다른 상황이 전개되는 것이다. 물론 나로서는 축구를 계속했으면 좋겠지만, 50대 이후의 재취업은 내 의지와는 상관없이 흐르는 경우가 많다.

또 이런 경우도 생각해보자. 지금까지의 축구 경기에서는 내가 공격수였을 수도 있고 수비수였을 수도 있다. 정말 뛰어난 공격수였을 수도 있고, 다른 공격수들에게 치여 실력 발휘를 하지 못했을 수도 있다. 또 사실은 재능이 없는데 어쩌다 보니 축구선수가 된 경우일 가능성도 배제할 수는 없다.

50대에 정글에서 살아남기 위해서는 먼저 나 자신을 정확하게 파악하는 것이 중요하다. 나의 장단점을 정확하게 파악해서 필요하면 공격수에서 수비수로 위치를 변경하고, 또 때에 따라서는 내가 잘할 수 있는 다른 게임으로 바꾸는 것도 검토해야 할 것이다.

● 나의 SWOT 분석하기

SWOT 분석(SWOT Analysis)은 마케팅 용어로 내부환경을 분석하여 강점(Strength)과 약점(Weakness)을 발견하고, 외부환경을 분석하여 기회(Opportunity)요인과 위협(Threat)요인을 찾아내는 분석법을 말한다. 이를 토대로 강점은 살리고 약점은 죽이고, 기회는 활용하고 위협은 억제하는 마케팅 전략을 수립할 수 있다.

	강점(Strength)	약점(Weakness)
내부 환경	1. 2. 3. 4.	1. 2. 3. 4.
	기회(Opportunity)	위협(Threat)
외부 환경	1. 2. 3. 4.	1. 2. 3. 4.

이를 개인에게 적용하면 나를 점검하고 앞으로 나의 구직 전략을 수립하는데 훌륭한 도구가 된다. 예를 들어 이제까지 내가 수행했던 일(job)을 기순으로 나의 경쟁력을 점검할 수도 있고, 내가 앞으로 하고 싶은 일을 가지고 과연 내가 그 일을 하는 데 적합한 지에 대한 검토가 가능하다. 또한, SWOT 분석을 토대로 그 일을 성공적으로 수행하기 위한 전략을 수립할 수도 있다.

박영호 씨(55세)는 생명보험회사 교육부에서 오랫동안 교육개발 및 진행 업무를 하다 교육부장으로 퇴직했다. 다만 그는 퇴직을 은퇴로 생각하지 않았다. 그동안 해왔던 업무에서 쌓은 능력을 살려 다른 직장으로의 이직이 가능할 것이라는 생각이었다. 박영호 씨는 스스로 되돌아보았다. 오랜 기간 현장 업무를 했기 때문에 그만큼 촘촘한 인맥을 갖고 있었지만, 부장으로 승진한 이후에는 현장감이 많이 떨어졌다. 그러다 보니 이론에 대한 전문성이 부족하다는 단점이 있다. 그는 새로운 직장을 찾기 전에 교육 분야에서 본인이 어떤 경쟁력이 있는지 SWOT 분석으로 정리해보았다. 개인의 SWOT 분석에서 내부환경은 자신, 외부환경은 개인이 속한 업계가 된다.

강점(Strength)	약점(Weakness)
● 오랜 현장경험이 있다 ● 많은 강사들을 알고 있다 ● 교육, 훈련업계에서 인정받고 있다 ● 타사 교육 담당들과의 인맥이 있다 ● 영업, 조직, 리더십, 관리와 관련된 다양한 교육프로그램을 알고 있다 ● 효율적인 교육프로그램 기획을 위한 유연한 사고를 가지고 있다 ● 교육대상자와 원활한 유대관계를 맺어 왔다	● 보험회사와 관련된 교육만 알고 있다 ● 현장근무만 하다 보니 이론에 대한 전문성이 부족하다 ● 보험, 금융과 관련된 전문적인 자격증이 없다 ● 55세로 나이가 많다 ● 부장으로 승진한 이후 최근 몇 년간은 관리업무만 했기 때문에 현장감이 많이 떨어진다 ● 몸담고 있던 조직 중심의 사고만을 가지고 있다 ● 소양교육 및 신개념교육에 대한 경험이 부족하다

이번에는 교육업계라는 외부환경에서 기회요인과 위협요인을 분석해 보았다.

기회(Opportunity)	위협(Threat)
● 보험회사에서는 끊임없이 새로운 설계사를 충원하기 때문에 교육에 대한 잠재수요가 존재한다 ● 단순한 보험상품에서 투자상품까지 취급하기 때문에 다양한 교육프로그램이 필요하다 ● 우체국, 농협 같은 공제기관에서도 보험교육에 대한 요구가 커지고 있다 ● 베이비붐 세대 퇴직이 본격화되면서 퇴직교육 같은 새로운 교육수요가 창출되고 있다 ● 교육회사를 설립하기 위한 초기 비용 부담이 없다 ● 진입장벽이 낮다	● 보험회사는 자체교육이 많기 때문에 외주물량이 상대적으로 적다 ● 경기가 나빠지면서 교육수요가 많이 줄었다 ● 교육업체의 과당경쟁이 나타난다 ● 인터넷교육의 활성화로 오프라인교육 시장이 축소되고 있다 ● 정보화사회가 되면서 교육수요의 다양화로 특정 교육프로그램이 단명하는 현상이 있다

이렇게 경력 중심으로 SWOT 분석을 해보니 어떤 대안을 선택해야 하는지 한눈에 들어온다. 지금 박영호 부장은 본인의 경험을 살려서 교육회사를 설립하는 것을 신중하게 검토하고 있다. 자신의 특기를 어느 분야에서 특화해야 할지 인맥을 통해 조언받으면서, 사업계획서를 작성하고 있다.

● **나의 전용성기술(Transferable Skill) 찾아보기**

보통 '기술'은 학습된 능력을 의미한다. 학습으로 배워 무언가 해결할 수 있는 일을 우리는 기술이라고 말한다. 대부분의 사람은 자신이 스스로 인식하고 있는 것보다 많은 기술을 보유하고 있다. 다만 그 능력을 당연한 것으로 착각하고 이를 느끼지 못하는 경향이 있다. 기술은 크게 직무기술과 전용성기술로 나뉜다.

직무기술(Job Description)은 컴퓨터 프로그래밍, 회계, 중장비 운전 등과 같이 교육이나 훈련 또는 직무 경험을 통하여 습득하는 것으로, 이 기술은 대부분 특정 직무를 수행하는 데 필요한 직업 기술이다. 하지만 이 직무 기술은 다른 직업으로 이직했을 때 활용할 수 없다는 한계가 있다. 예를 들어 회계전문가가 가지고 있는 회계지식을 가지고 중장비 운전을 할 수는 없는 것과 같다.

전용성기술(Transferable Skill)은 글쓰기, 리더십, 프로젝트 관리 등과 같이 서로 다른 영역에서 동일하게 수행할 수 있는 기술을 의미한다. 전용성기술은 일의 유형과 무관하게 모든 직무에서 활용되는 보편적인 기술이기 때문에 다른 분야로 이직하는 경우에도 쉽게 적용할 수 있다. 따라서 전용성기술은 직무기술보다도 중요하다. 전용성기술은 다양한 경험을 통해 축적되고 향상되는 것이므로 나의 과거 경험을 면밀하게 살펴보면 확인할 수 있다.

유명 강사 송영호 씨(57세)가 지금 하는 일은 그의 세 번째 직업이다. 그는 80년대 후반 대기업 계열의 광고대행사에서 광고기획자인 AE(Account Executive)로 첫 직장생활을 시작했다. 치열한 광고업계에서 나름대로 노력했고 그 능력을 인정받았다. AE의 가장 큰 역할은 광고주로부터 광고물량을 수주하는 일인데, 이는 주로 프레젠테이션 형태로 이루어진다. 송영호 씨는 이 프레젠테이션에서 그 누구보다도 큰 재능을 발휘했다. 90년대 초반 다른 사람들이 도표나 OHP를 이용하던 시기에 누구보다도 먼저 파워포인트를 배워서 활용했고, 또 이 과정에서 다양한 기법들을 몸에 익혔다.

승승장구하던 송영호 씨에게 커다란 시련이 있었으니, 바로 90년대 후반 IMF 금융위기가 그것이었다. 송영호 씨가 근무하던 광고회사는 문제가 없었으나 모기업이 부도로 흔들리자 결국은 그의 회사에도 영향이 있었고, 많은 동료가 직장을 잃었다. 그 와중에 송영호 씨도 원치 않게 퇴직했다. 그 후에 다른 회사에 광고인으로 재취업했지만, 직원을 소모품 취급하는 회사생활에 염증을 느꼈다.

결국 송영호 씨는 2000년대 초반 보험설계사라는 전혀 새로운 직업으로 이직했다. 그가 보험설계사를 선택한 이유는 단 하나, 회사로부터 일방적으로 휘둘리는 삶이 싫어서였다. 그는 보험회사에서 대면 영업기술을 배웠으며, 금융, 투자, 보험 등의 상품과 관련한 전반적인 지식을 익혔다.

송영호 씨는 이렇게 자신만의 전용성기술을 습득하고 개발했다. AE 시절에 익혔던 프레젠테이션 기술과 보험상품과 관련된 금융, 투자에 대한 지식을 결합하니 아주 훌륭한 재테크 강의가 탄생한 것이다. 송영호 씨는 강의를 프레젠테이션이라 생각하면서 준비하고 있다. 강의를 하나의 상품으로 보니 강의에 참석한 수강생은 고객이 된다. 고객만족을 위해 프레젠테이션(강의)에 흥미를 유발하는 기법들을 가미하니 수강생의 평가가 높아지고, 자연스럽게 업계에서 지명도가 높아졌다.

또한 재테크 강의에서 어느 수준에 올라가고, 강의에 대한 경험이 쌓이니 강의 영역이 넓어졌다. 지금은 AE 시절에 익혔던 마케팅 전반에 대한 강의와 더불어 조직활성화, 영업기법, 상담기법 등 20여 가지 분야의 강의를 소화하는 명강사로 이름을 떨치고 있다.

● **고용노동부 워크넷 이용하기**

직업과 관련된 나의 흥미, 적성을 확인하는 가장 좋은 방법은 적성검사다. 보통 적성검사라 하면 전문회사에 비용을 내고 전문적으로 분석을 받지만, 고용노동부의 워크넷(www.work.go.kr)을 이용하면 별도의 비용을 내지 않고도 신뢰할 수 있는 검사결과를 받아볼 수 있다.

워크넷 홈페이지에 접속해 회원가입을 하고 메인 화면에서 [직업정보·심리검사 궁금하세요?]를 선택하면 다양한 심리검사를 진행할 수 있다.

워크넷 사이트에는 성인용 직업적성검사, 직업선호도검사 S형 등 11종류의 성인대상 심리검사가 있으니 관심 있는 검사를 선택해서 진행하면 된다. 인터넷으로 검사할 수 있는 성인용 직업적성검사의 경우는 검사시간이 90분

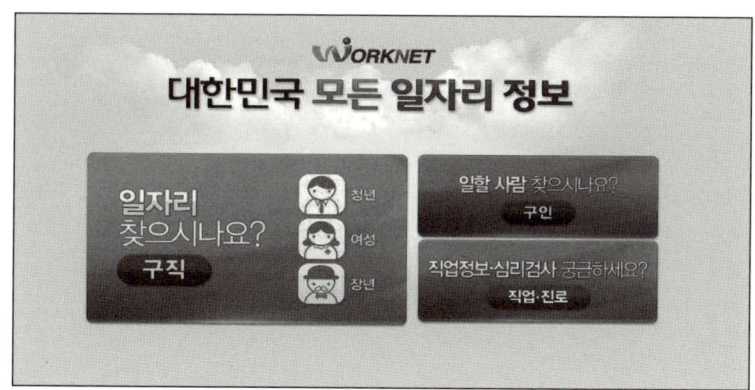

소요된다. [검사 실시]를 선택하고 설문문항에 답하면 검사가 완료된다. 검사가 끝나면 하단의 [심리검사 결과조회]에서 바로 결과를 볼 수 있다.

검사의 결과는 예시와 같이 제공된다. 결과를 해석하는 데 특별히 다른 사람의 도움이 필요 없어서 간편하게 자신의 적성을 파악할 수 있다. 혹시 자세한 설명이 필요하다면 각 지역의 고용센터에 문의하거나, 하단의 [심리검사 상담하기]를 선택해 온라인으로 도움받을 수 있다.

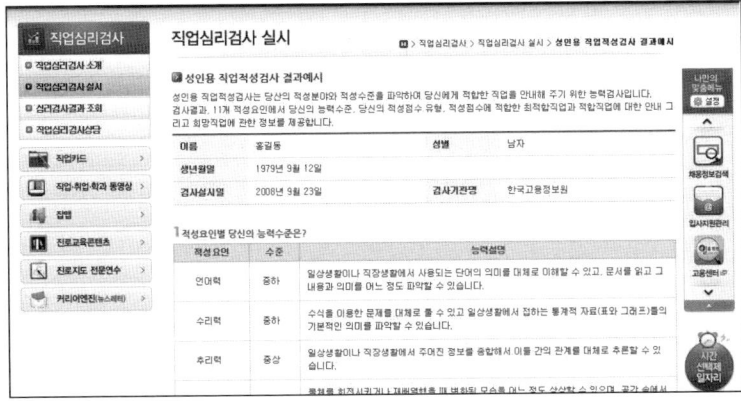

탱크처럼
밀어붙이자

많은 사람이 퇴직 후 한동안은 쉬면서 자신을 정리하고, 재충전의 시간을 가지고자 한다. 하지만 막상 50대가 되어서 퇴직하게 되면 그렇게 마냥 쉬고만 있을 수가 없다. 재취업에 성공한 50대를 가만히 살펴보면, 부지런히 이력서를 작성하고 적극적인 구직활동을 펼쳤다는 공통점이 있다. 경력의 공백이 길어지면 그만큼 재취업 성공 가능성이 낮아지기 때문이다. 사회환경 및 기술이 급속도로 변화하는 지식정보사회에서는 더욱 그렇다.

대학 졸업 후 대기업에 입사해 전산과 관련된 부서에서 사회생활을 시작한 전종현 이사(52)는 몇 번의 부서 이동을 거쳐 이제는 IT업계에서 인정받는 전문가가 되었다. 어느 날 회사의 정책상 그가 소속된 사업부문을 정리하면서 전 이사는 원치 않게 회사를 그만두게 되었다. 워낙 그를 탐내던 회사가 많았던지라 퇴직 후에 여러 곳에서 러브콜이 쇄도했다. 하지만 20년 이상 회사생활을 하면서 휴식다운 휴식을 갖지 못했던 그는 재충전의 시간이 필요하다고 판단하여 제안받은 자리를 고사하고 1년간 가족과 함께 미국에서 시간을 보내기로 했다. 중학교 2학년인 딸아이와 함께 그동안 나누지 못했던 대화도 많이 나누고, 그동안 하지 못한 가족 여행도 하면서 의미 있는 시간을 보내고 1년 만에 귀국했다.

그런데 문제가 생겼다. 전 이사가 미국에 있던 기간에 새로운 아이템이 출현하면서 그가 종사했던 부문에 대한 수요가 감소한 것이다. 1년 전 제안받은 곳의 일자리는 전부 사라지고, 이제는 본격적으로 구직해야만 하는 상황이 왔다. 구직활동을 하면서 느낀 것은 자신의 덩치가 너무 크다는 사실이었다. 전 이사의 최종 이력은 대기업 이사이니 실무자가 아닌 프로젝트를 총괄하는 관리자인데, 구직시장에서 필요로 하는 사람은 실무를 담당할 수 있는 사람이었기 때문이다. 그는 이제 구직시장에서 필요 없는 사람이다. 억울한 마음에 차라리 1년 전 미국으로 떠날 것이 아니라 제안받았던 자리 중 하나를 받아들일걸, 하고 후회해보지만 이미 지나간 일이다.

사실 50대에 퇴직하고 구직활동을 하려면 막막한 마음이 앞서기 마련이다. 도대체 어디서 사람을 채용하는지도 모르겠고, 막상 이력서를 쓰려고 해도 머릿속에는 문방구에서 파는 이력서 용지만 떠오른다. 경력기술서가 뭔 이야기인지도 모르겠고, 자기소개서를 써보니 '본인은 농사짓던 아버지와 현모양처인 어머니 슬하에서' 같은 판에 박힌 이야기만 쓰게 되니 난감하다. 점점 자신이 없어지고, '도대체 이 나이가 되도록 뭐했나?'라는 자괴감도 들면서 전에 있던 회사에 대한 원망, 다른 동료들에 대한 미움 등 다양한 감정이 생긴다. 이때 도움받을 수 있는 것이 '전직지원서비스'다.

● **전직지원서비스**

우리 주변에는 다양한 전직지원이 있다. 가장 대표적인 것이 '노사발전재단'에서 운영하는 '장년일자리희망넷(www.4060job.or.kr)'의 전직지원서비스다.

- **1:1 맞춤 재취업 컨설팅 제공**
  신청자에게 1:1로 전문 취업 컨설턴트를 전담으로 배정
  - 개인의 적성과 역량에 맞는 구직전략을 취업컨설팅과 함께 제공
  체계적이고 종합적인 전직지원서비스 제공
  - 단순 구직·창업 정보만 제공하는 것이 아니라 교육 및 상담, 사무공간 제공

- **구인구직 알선서비스 제공**
  구인기업을 적극적으로 발굴하여 적합한 기업에 인재 추천

- **다양한 재취업·창업 교육프로그램**
  이력서/자기소개서 작성, 온라인 지원전략, 서치펌 활용전략, 면접비디오코칭, 연봉협상 등 강의

- **구직활동 지원을 위한 센터 내 전직지원플라자 운영**
  전문 취업 컨설턴트를 전담으로 배정
  - 개인의 적성과 역량에 맞는 구직전략을 취업컨설팅과 함께 제공
  체계적이고 종합적인 전직지원서비스 제공
  - 단순 구직·창업 정보만 제공하는 것이 아니라 교육 및 상담, 사무공간 제공

여기서는 특별히 무료로 전직을 지원해주고 있는데, 모든 퇴직 중장년 근로자가 성공적인 취업, 창업을 이룰 수 있도록 맞춤형 종합 솔루션을 제공한다.

전직지원서비스를 이용하기 위해서는 먼저 사이트(www.4060job.or.kr)에서 회원가입을 하고 서비스를 신청해야 한다. 가입 후에는 이력서 등록, 승인, 개인별 컨설턴트 배정, 서비스 시작 같은 단계로 절차가 진행되며, 서비스 기간은 승인일로부터 3개월이다. 중요한 점은 전직지원서비스를 받는 데 드는 비용이 전혀 없다는 것이다.

또 한 가지 전직지원서비스의 장점은 1:1 맞춤형 서비스라는 점이다. 먼저 내가 신청을 하면 개인별 컨설턴트가 배정된다. 상담을 통해서 내 커리어를 분석하고 그와 관련된 진로를 설정한 다음 나에게 맞는 일자리를 조사한다. 관련된 분야의 일자리를 찾아보고 그 직무에 적합한 이력서와 자기

소개서, 직무기술서를 작성하는 데도 도움을 준다. 또한, 면접의 기회가 왔을 때 면접 요령에 대한 코치를 받을 수도 있고, 때에 따라서는 동반 면접을 할 수도 있다. 이런 1:1 서비스는 정서적인 안정을 찾는 데도 도움이 되고, 현실적으로도 많은 도움을 받을 수 있다.

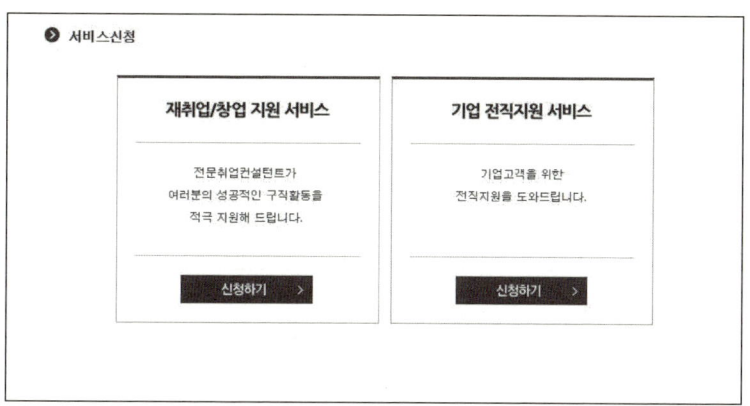

● 장고 끝에 악수(惡手) 없다

 퇴직 후 새로운 일자리를 찾을 때의 유형은 세 가지로 나뉜다. 지금까지 해왔던 일을 계속하는 이직, 새로운 일을 찾는 전직 그리고 창업이다. 이직이야 해왔던 일을 계속하는 것이니 새로울 것은 없겠지만, 전직이나 창업을 하는 경우에는 지금껏 겪어보지 못한 새로운 세상으로 발을 디디는 것과 같다. 그만큼 많은 노력과 준비가 필요하다.

 그러나 우리나라 전직자의 전직 준비 및 구직활동을 살펴보면, 전반적으로 그에 쏟는 시간이 적다. 그래서 전직 이후 성과나 만족도가 그리 높지 않은 것으로 나타난다. 성공적인 전직자의 경우는 상당수가 전직 전에 자격

취득이나 기술습득, 학원수강 등의 노력을 아끼지 않았으며 전직 준비기간 또한 길었다. 또 그들 중 많은 수가 이전 직장을 다니면서 차근차근 전직을 준비한 것으로 나타났다.

오랫동안 직장생활을 하던 후배가 음식점을 시작했다. 5년 동안 고생하더니 어느 정도 자리를 잡은 모양인지 전에 나에게 "형님 이제 월 6백만 원 정도 법니다."라고 수입을 밝혔다. 요즘 같은 불경기에 음식점에서 월 6백만 원 수입을 올리면 대단히 잘되는 가게다. "야! 월 6백만 원이면, 연 7천 2백만 원! 대단하네!"라고 말했는데 의외로 후배가 고개를 저으며 "그런데요, 제가 1년 중 3개월은 집에 돈을 못 가져가요." 하는 게 아닌가? "1월, 7월 부가세 신고 후에는 세금을 내야 하고요, 5월에는 종합소득세를 내야 해요." 바로 이거다. 급여생활자의 연말정산과는 다르게 일반사업자는 돈을 벌어서 쓰고 난 후에 세금을 내야 하는데, 이를 간과한 것이다.

내가 모르는 새로운 일을 시작하기 전에 그 일에 대해서 정확하게 확인해야 한다. 밖에서만 볼 것이 아니고 하려는 분야에서 직접 경험해야 한다. 적어도 봄, 여름, 가을, 겨울 사계절을 겪어본 후에 최종 결정을 하자. 만일 나에게 맞지 않는다면? 그땐 과감하게 포기하는 결단력도 필요하다.

언제 어디로
갈 것인가를
정하자

요즘 젊은 사람들은 짧은 여행도 미리 철저하게 준비한다. 어디를 방문할 것이며, 교통편은 어떻게 이용하고, 숙소는 어디가 저렴하고 쾌적한지. 미리 동선을 짜고 불필요한 변수를 제거한다. 며칠 잠깐 다녀오는 여행에도 이렇게 열심히 계획을 짜는데, 새로운 일을 시작할 때에는 더욱 철저하고 세심한 준비가 필요하다.

내가 친구의 소개로 최광수 씨를 만난 것은 8년 전이었다. 당시 그는 53세였고 모 통신회사 관리부장으로 명예퇴직한 뒤 8개월이 지난 시점이었는데, 첫인상에 뭔가 쫓기는 듯한 느낌을 받았다. 8개월이라는 무직 시기가 그를 초조하게 만든 것이었다. 퇴직 후 3개월까지는 그래도 마음의 여유가 있었으나 그 후로는 사회에서 뒤처진 것 같은 느낌이 들기 시작했다고 한다. 게다가 전 직장에 남아 있는 동료들은 승승장구하는 것 같아 자신이 초라하게 느껴졌다. 자신감이 사라지면서 '이대로 사회에서 도태되는 것은 아닌가?' 하는 위기감으로 조급해지고 있었다.

당시 그에게는 중학교 2학년인 아들이 하나 있었다. 아들이 어리기 때문에 당연히 일해야만 했고 재취업을 염두에 두고 적극적인 구직활동을 하고 있었지만, 특별한 기술 없이 관리업무만 하던 그에게 적합한 일자리는 찾기 힘들었다. 그래서 내린 결론이 창업이었고, 다양한 업종을 알아보고 있었다. 음식점, 세탁소는 물론이고 심지어는 약사를 고용한 약국 도매업까지 생각하고 있었다. 그때 모 영어학원 프랜차이즈 가맹점 설명회에 참석했는데 설명회 담당자가 이렇게 말했다고 한다.

"50대 창업자는 초기 자금이 많이 소요되어서는 안 됩니다. 그래서 우리 영어학원의 가맹점 정책은 초기 자금을 최소화하는 것입니다. 우리 영어학원의 프로그램이 워낙 뛰어나서 작게 시작해도 큰 문제가 없습니다. 우선 작은 학원 자리를 임대하는 데 드는 보증금 4천만 원 정도, 가맹비 3천만 원이 있으면 됩니다. 만일 사장님이 2~3년 학원을 운영하다가 다른 일을 하기 위해 학원을 정리한다고 해도 보증금 4천만 원이야 돌려받으면 되고, 가맹비 3천만 원은 그동안 학원생 수강료로 충분히 뽑게 되니, 큰 위험은 없는 겁니다."

언뜻 들으면 정말 괜찮은 사업인 것 같다는 느낌이 든다. 하지만 여기서는 어디까지나 '잘 된다'는 것을 전제로 설명하고 있다.

공교롭게 내 지인 중에 대형 영어학원 프랜차이즈 담당이 있어 영어학원 운영에 대해 안내받은 적이 있었다. 영어학원은 워낙 경쟁이 치열하고 또 이름 있는 대형 학원이 많아서 생존하기가 무척 힘들다고 한다. 그는 경험을 바탕으로 영어학원을 운영하려면 두 가지를 검토해야 한다고 했다. 첫째는 영어학원은 작아서는 안 되고 어느 정도 규모가 있어야 한다. 둘째로 월 고정지출을 줄여야 한다. 그래서 그는 영어학원 프랜차이즈 가맹점을 개설할 때는 학원 자리를 임대할 것이 아니라 100평 정도를 매입하라고 추천한다. 100평 정도면 어느 정도 규모도 확보할 수 있을뿐더러, 10층 정도 되는 대형 건물의 6~7층은 그리 비싸지 않다. 주거래 은행을 통해서 매입가격의 절반 정도는 대출받을 수 있는데, 대출이자를 내는 것이 월 임대료를 내는 것보다는 훨씬 월 고정지출을 줄일 수 있다는 말이었다.

최광수 씨가 가맹점 설명회에서 들은 '영어학원은 작게 시작하라.'는 안내와 내 지인이 나에게 제공해준 '영어학원은 작아서는 안 된다.'의 정보는 정반대가 아닌가? 나는 최광수 씨에게 이를 설명하고, 만일 원한다면 지인을 소개해주겠으니 정보를 비교해보고 최종 결정을 하라고 제안했다. 뜻밖에도 최광수 씨의 답변은 "노(No)."였다. 이유는 그곳 담당자에게 "사장님이 개설을 원하는 지역은 조건이 좋아서 가맹점을 하겠다는 사람이 많습니다. 본사 입장에서는 먼저 계약하는 분에게 개설해줄 수밖에 없습니다."라는 안내를 받았기에, 늦기 전에 가맹점 계약을 해야 한다는 것이었다.

3년이 지난 후 우연히 만난 친구에게 최광수 씨의 소식을 들었다. 학원을 시작하기는 했으나 2년 만에 쫄딱 망했다고 한다. 소규모로 학원을 시작했는데 그 영어학원 브랜드만 보고 오는 학원생이 거의 없었고, 월세는 매월 지출되고, 간신히 학원생이 모이면 이번에는 강사가 다른 학원으로 가버리는 등 변수가 계속 일어나다가 적자가 누적되어 결국은 그동안 모아둔 자금을 모두 소진하였다는 것이다.

만일 최광수 씨에게 마음의 여유가 있었다면 내가 상황을 설명하고 비교할 것을 제안했을 때 과연 "노(NO)."라는 대답을 했을까? 어떠한 일을 시작할 때 구체적인 계획과 목표가 없다면 어느 시점에서는 조급하고 초조해지기 시작하고 결국은 잘못된 결정을 내리는 우를 범하게 된다.

우리가 성공적으로 새로운 일을 찾기 위해 가장 먼저 해야 하는 것은 명확한 경력 계획(Career Planning)과 목표를 수립하는 것이다. 내가 하고 싶은 일이 무엇이고 그 일에 맞는 조건은 무엇이며, 앞으로 어떠한 과정을 거쳐야 하는지 철저하게 탐색하고 분석해야 한다. 이를 바탕으로 자신의 경력 계획과 목표를 수립하고 이에 맞게 활동한다면 성공적으로 새로운 일을 찾을 수 있을 것이다. 또한, 이런 계획과 목표를 가지고 있어야 중간에 계획을 수정하거나 새로운 결정을 내릴 때 정확한 판단을 할 수 있다.

집에 아픈 사람이 있으면 널리 알려라

채용시장은 공개채용시장과 비공개채용시장으로 나뉜다. 공개채용시장은 신문광고, 인터넷 취업포털, 취업박람회, 헤드헌터 등 공개적인 채용수단을 이야기하는데 이는 전체 채용시장의 20%에 불과하다. 대부분의 채용은 비공개채용시장을 통해서 이루어지는데 네트워킹, 소개 등을 통해 대상자와 직접 접촉하는 것이 여기 해당한다. 비공개채용시장은 전체 일자리의 80%에 달한다.

왜 이런 현상이 나타나는지에 대해서는 기업체에서 결원이 생겼을 경우 충원하는 과정을 보면 알 수 있다. 먼저 해당 부서장은 다른 부서에 있는 좋은 사람을 데려오려고 한다. 하지만 어느 부서장이 괜찮은 직원을 다른 부서로 보내겠는가? 마땅한 사람을 찾지 못해 공석이 계속되면 주변에 좋은 사람을 수소문한다. 이런 자리에 이런 친구가 필요한데, 혹시 괜찮은 사람이 있는지 믿을 만한 사람에게 묻는다. 바로 연결되면 좋겠지만, 이 단계에서도 직원을 충원하지 못하면 다음으로 고급 인력공급업체인 서치펌을 활용한다. 서치펌 업체에 원하는 인재상을 설명하고 적합한 사람을 추천받는다. 여기서도 적당한 사람이 없으면 다음 단계는 회사에 있는 이력서를 뒤져보고, 마지막으로 취업포털이나 신문광고 같은 공개수단을 통해 구인 광고를 올린다.

충원과정을 보면 알겠지만 초기 단계일수록 일자리의 질도 좋고, 양도 풍부하다. 공개시장으로 갈수록 일자리의 질도 떨어지고, 양도 줄어든다. 그런데 일반적으로 구직자들이 구직활동을 하는 것을 보면 공개채용시장에 집중하는 경향을 보인다. 즉 일자리의 질도, 양도 떨어지는 제한된 시장에서 많은 구직자가 피 터지게 경쟁하고 있다.

이 때문에 네트워킹이 중요하다. 네트워킹은 구직하는 사람이나 구인하는 회사 모두에게 효율적이다. 여기서 한 가지 오해해서는 안 되는 것이 네트워킹이 남에게 일자리를 부탁하는 것만을 말하는 것이 아니라는 사실이다. 옛말에 집에 아픈 사람이 있으면 널리 알리라고 했다. 병에 대해 아는 사람이 많아지면 훌륭한 의사를 소개받을 가능성도 커지고, 병을 빨리 고칠 수 있다는 말이다. 네트워킹이 바로 이 과정이다.

만일 내가 12월에 퇴직 예정이고 퇴직 후에도 일하고 싶은 생각이 있다면, 주변 사람들에게 정확하게 알려라. 내가 언제 퇴직 예정인데 퇴직 후에도 계속 일하고 싶다는 의사만 전달하면 충분하다. 많은 말은 필요 없다. 이 이야기를 들은 주변 사람들은 또 그의 주변인에게 말을 전달할 것이다. 그러다 보면 나에 대해 들은 사람 중에, 내가 아는 사람이 그런 사람을 찾고 있다더라 하는 사람이 나타난다. 이것이 바로 네트워킹이다.

바로 연결이 되는 경우도 있고, 때에 따라서는 서너 단계 건너서 연결이 되기도 한다. 그러므로 많은 사람에게 나의 입장을 알리는 것이 중요하다. 네트워킹의 핵심은 더욱 많은 사람에게 나의 퇴직 시기와 구직 의사를 명확하게 알리는 것이다. 요즘같이 재취업이 어려울 때는 공개채용시장뿐만 아니라 비공개채용시장도 함께 공략해야만 재취업 성공 확률을 높일 수 있다.

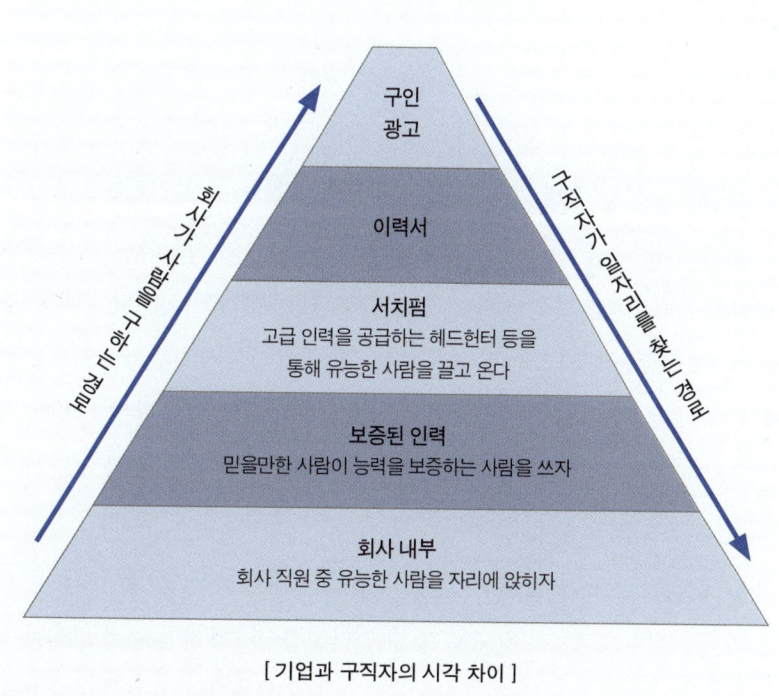

[기업과 구직자의 시각 차이]

곳간에서
인심 난다

중견기업 부장인 정영모 씨(53세)는 회사가 차장급 이상 직원들로부터 희망퇴직 신청을 받을 것이라는 소식을 접하고, 자신이 가지고 있는 자산을 정리해보았다. 대충 계산해보니 현재 살고 있는 아파트 시세가 5억 원 정도, 희망퇴직금은 대략 2억 원 안팎, 펀드 등 금융상품 몇 개, 소득공제용 연금, 몇 개의 보험을 가지고 있었다. 이외에 아파트 담보대출금이 1억 원, 자동차 할부금 등 부채 역시 남아 있었다. 대략 계산하니 한 6억 원 정도의 재산이 있다고 상정할 수 있었다.

이번에는 가진 재산 말고 퇴직 후 수입을 생각해보았다. 국민연금은 10년 후인 63세에 120만 원 정도 받을 수 있다고 한다. 하지만 먼저 퇴직한 선배들 이야기를 들어보니 퇴직 후에는 건강보험료 부담도 만만치 않다고 한다. 또 실업급여도 잘 받아야 한다고 하는데, 어떻게 해야 하는지도 제대로 아는 사람이 없었다. 마침 친구의 소개로 이명진 재무상담사를 만나 조언을 들었다.

● 퇴직 시점 자산 확인하기

정영모 씨가 가장 먼저 점검해야 하는 것은 현재 자신의 순 자산이 얼마인가를 파악하는 것이다. 보유하고 있는 금융자산이 얼마이고, 부동산의 가치는 얼마나 되고, 또 본인의 부채는 얼마인가 확인하는 것이다. 금융자산과 부동산은 자산 항목으로 넣고 부채는 별도로 정리한다. 회계학에서는 보유하고 있는 자산에서 부채를 빼면 '자본'이지만 재무설계에서는 '순 자산'이라는 용어를 사용하며, 이것이 순수한 본인 소유의 재산이다. 여기서 중요한 점은 이 수치를 정확하게 집계해야 한다는 것이다.

먼저 보유하고 있는 금융상품 통장을 모두 모은다. 요구불예금의 경우 급여통장, 공과금납부통장, 긴급자금을 위한 CMA통장 등 여러 가지를 가지고 있으니 모두 정리한다. 펀드도 A펀드, B펀드 등 다양한 펀드를 보유하고 있는 경우가 많은데, 이 역시 정리한다. 보유 주식도 주식별로 정리하는데, 펀드나 주식 같은 투자상품은 정리하는 시점에서는 증권사에 확인해 현재의 평가액을 정확하게 반영하도록 한다. 연금상품의 경우 기본적으로 보험사 상품이므로(혹시 은행에서 구매했더라도 은행은 판매사일 뿐이지 적립금 운용은 보험사에서 한다) 보험증권을 확인해야 하는데, 없으면 해당 보험사 콜센터를 통해서 요청할 수 있다. 이때 보험 계약자가 직접 전화해야 하며 신청한 보험증권은 우편으로 발송해준다.

부동산의 경우 금융상품보다 상대적으로 보유 수량이 적으니 큰 문제는 없으나 주의할 것은 농지나 임야와 같은 토지이다. 아파트나 주택의 경우는 국토교통부 실거래가 사이트(http://rt.molit.go.kr)를 방문하면 실거래가격을 확인할 수 있으나, 농지나 임야의 경우 감정평가를 받아야 하기 때문에 정확한 가치를 파악하기가 힘들다. 또 실제 경작하는 경우도 아니라면, 상속받았거나 토지 사기단에 당했을 경우도 있으므로 자산에 반영하지 않거나 구매가격만 반영하는 것이 현실적이다.

회원권과 골동품, 미술품 등 기타 자산도 인지하고 있는 거래가를 반영한다. 자동차의 경우는 사용자산이기 때문에 감가상각을 고려해야 한다. 그래서 자동차를 계속 사용할 예정이면 자산에 반영하지 말고, 혹시 매각할 예정이라면 중고가격을 자산에 반영한다.

부채항목에서는 기본적으로 주택과 관련된 주택담보대출에 대한 것을 정확하게 계산하는데, 거치기간과 적용이자를 정확하게 파악해야 하고 현금서비스, 마이너스통장, 사금융, 자동차할부금 등을 반영한다. 이때 중도상환수수료를 정확하게 파악해야 한다. 중요한 것은 신용카드 사용대금도 부채항목에 포함하는 것이다. 이자는 없지만 다음 달에 갚아야 할 부채이기 때문이다.

자산	금액	부채	금액
요구불예금		마이너스통장	
CMA통장		현금서비스	
정기예금,적금		주택담보대출	
펀드		신용대출	
주식직접투자		임대보증금	
주택청약통장		자동차할부금	
퇴직연금		사금융	
저축보험		신용카드 사용대금	
연금저축(소득공제용)		기타 차입금	
일반연금			
변액연금			
회원권			
사용부동산			
투자용부동산			
①총자산 합계		②총부채 합계	
③순 자산(①총자산-②총부채)			

[자산·부채 현황표]

● 내 금융자산 정리하는 방법

내 금융자산은 아래 양식에 정확하게 기재하면 한눈에 파악할 수 있다.

① 상품명	② 잔고(원)	③ 월납입(원)	④ 수익률	가입일	만기일	금융회사	⑤ 사용목적
개인연금신탁	3,350만	15만	3.7%	1996-10-05	2021-10-25	○○증권	노후자금
퇴직연금(DB형)	8,167만		2.4%	1990-01-01	2015-12-31	○○은행	노후자금
연금신탁	2,430만	30만	5.4%	2007-01-05	2017-01-05	○○증권	노후자금
저축보험	1,000만		3.7%	2012-01-11	2024-01-11	○○손보	노후자금
장기주택마련저축	1,300만		2.7%	2012-08-16	2027-08-16	○○은행	주택확장
저축보험	1,300만	100만	3.5%	2012-08-20	2027-08-20	○○생명	자녀결혼
변액연금보험	400만	20만	-8.6%	2013-07-05	2023-07-05	○○은행	노후자금
A펀드	1,905만	50만	5.6%	2012-03-05	2015-03-55	○○증권	자녀교육
B펀드	3,200만		-4.3%	2013-12-23	2016-12-23	○○투자증권	자녀교육
복리형정기예금	2,700만		3.4%	2012-10-24	2015-10-24	○○은행	투자대기자금
○○전자 주식	3,500만		3.1%	2013-01-24		○○증권	자녀결혼
급여통장	130만		0.1%	2013-01-24		○○저축은행	운용자금
CMA	6,100만		2.5%	2013-05-01		○○증권	비상예비자금

[금융자산 현황표 작성 예시]

먼저 확보한 통장사본, 보험증권을 토대로 금융상품별로 상품명을 정확하게 기재하고①, 현재 적립액이나 평가액을 기재한다②. 상품이 월 납입식이면 매월 납입금액을 기입하는데③, 만기가 되어 추가로 납입하지 않는 경우에는 빈칸으로 남겨둔다. 수익률에서는 고정금리 상품의 경우 가입 당시에 약속받은 수익률을 표시하고, 투자상품의 경우는 평가시점에서의 수익률을 표시한다④. 연금상품의 경우는 10년 이상 장기 운영을 전제로 한 상품이기 때문에, 10년 미만 상품은 해약환급금이 당연히 마이너스가 되므로 납입원금으로 계산한다. 금융상품은 각각 최초 가입시기와 만기를 점검한다. 마지막으로 가장 중요한 단계가 남았다. 상품별 자산의 사용 용도를 명확히 해야 한다⑤. 대부분의 경우는 이 항목을 공란으로 비워둔다. 하지만 1년 만기 정기예금이라도 그 사용 목적을 정확하게 정해둬야만 만기까지 유지할 수 있다.

금융상품이나 투자상품은 통장을 확인하거나 인터넷으로 조회하면 내 자산현황을 정확하게 파악할 수 있지만 보험상품의 경우는 좀 까다롭다. 특히 연금상품은 내가 몇 살부터 월 얼마씩을 얼마나 오랫동안 받을 수 있을지가 가장 커다란 관심사인데, 이는 해당 보험회사의 콜센터를 통해 확인할 수 있다.

● **50대의 가장 기본적인 재무목표 - 부채정리**

은행 본부장으로 퇴직한 엄용섭 씨(66세)는 항상 후배들에게 남자라면 퇴직하기 전 3가지를 준비해야 한다고 충고한다. 첫 번째는 비자금이다. 퇴직 후에 연금을 얼마를 받건 연금수급통장은 부인이 관리할 가능성이 크다. 따라서 퇴직한 남자들은 부인에게 용돈을 받아서 생활한다. 그런데 퇴직을 하니 가장 부담되는 지출항목이 바로 '부조금'이었다. 한번은 친한 친구 딸

결혼식에 참석하는데, 부인이 축의금을 5만 원만 주는 게 아닌가? 적어도 10만 원은 해야 하는데……. 바로 이럴 때를 대비해서 비자금을 준비하라는 것이다. 가능한 많으면 많을수록 좋다.

두 번째는 취미와 관련된 멋진 옷이나 용품을 퇴직 전에 미리 준비하라고 한다. 등산이 경제적인 취미이기는 하지만, 산에 다니다 보면 등산화는 필수고 또 겨울에는 등산재킷도 필요하다. 요즘은 브랜드의 기능성 등산재킷 가격이 100만 원을 훌쩍 넘는 것도 꽤 많은데, 그렇게까지 좋은 것은 필요 없다고 생각하다가도 은근 욕심이 생기는 것도 사실이다. 엄용섭 씨는 후배들에게 기왕이면 자신이 좋아하는 멋진 브랜드의 의류나 용품을 퇴직 전에 3벌 이상 준비하라고 추천한다. 퇴직하면 살 수 없다.

세 번째는 자동차다. 대부분의 남자는 자동차에 대한 로망을 가지고 있다. 엄용섭 씨는 자신이 원하는 자동차를 적어도 퇴직 2년 전까지는 구매하라고 추천한다. 단, 할부금은 퇴직시점까지 모두 상환하는 조건이다.

연령대별로 다양한 재무와 관련된 목표가 있지만, 50대의 경우는 부채를 정리하는 것이 가장 기본이다. 그래서 자신이 생각한 퇴직시점(이는, 일시적인 실직 상황이 아닌 일을 손에서 놓는 시점을 말한다)에는 모든 부채를 '0'으로 만들어야 한다. 자신의 자산 중 불요불급한 것을 정리해서 부채를 상환하는 데 사용해야 한다.

부채를 상환하는 요령을 살펴보면, 먼저 중도상환수수료 등의 부대비용이 어떠한지를 검토한다. 그리고 그중 금리가 높은 것, 대출금이 적고 만기일이 가장 가까운 순서로 상환하는 것이 좋은 방법이다. 상품별로 금리를 고려하면 당연히 사금융(사채)을 가장 먼저 상환해야 하고, 제2금융권, 현금서비스, 신용대출, 마이너스대출, 담보대출의 순서가 될 것이다.

담보대출의 경우는 더욱 세심한 검토가 필요하다. 상대적으로 부담되는 이자도 저렴할뿐더러 특히, 거치기간이 있는 15년, 20년, 30년의 장기주택담보대출의 경우는 시중 금리와도 큰 차이가 나지 않아 정리 여부에 혼란스러운 경우가 많다. 이 경우 30~40대와 50대는 전략이 다르다.

대기업 과장으로 근무하고 있는 한성실 씨(35세)는 1억 원의 부채를 부담하고 서울 근교에 20평대 아파트를 구매했다. 어려서부터 빚은 죄악이라는 교육을 받았던 그는 1억 원이라는 부채가 너무나 부담돼서 독하게 마음먹고 매년 2천만 원씩 원금을 상환하여 5년 만에 부채를 모두 청산했다. 일반 직장인이 이자를 상환하면서 해마다 원금 2천만 원씩을 갚는다는 것은 일상 생활에서 많은 부분을 포기했다는 것이다. 5년 만에 부채 1억을 상환하고 기뻐했으나 2년 후 다시 1억5천만 원의 부채가 생겼다. 아이가 자라 집을 30평대로 옮기면서 또다시 주택담보대출을 받았기 때문이다.

이런 이유에서 청년층에는 주택담보대출을 받아야 한다면 상환기간을 장기로 선택하고 적극적 상환은 하지 말라고 조언한다. 비용으로 생각하고 유지하는 대신 상환대금의 일부를 보다 상대적으로 수익이 높은 곳에 적극적으로 투자하라는 것이다. 하지만 50대라면 이야기가 다르다. 몇 년 후면 정기적인 수입이 사라지고 국민연금과 같은 제한된 수입으로 생활해야 하는데, 주거와 관련해서 50만 원이든 100만 원이든 고정지출이 발생하게 되면, 삶의 질도 저하될뿐더러 부채상환이 점점 어려워지기 때문이다. 무조건 주택담보대출도 퇴직 전에 상환하는 것이 원칙이다.

● 실업급여 챙기기

50대에 퇴직한 아빠가 가장 관심이 있는 것은 바로 실업급여다. 실업급여는 근로자가 실직했을 경우 재취업 활동을 하는 일정 기간에 얼마의 돈을 급여형식으로 지급하는 것을 말한다. 실직자와 그 가족의 생활안정과 원활한 구직활동을 위해서 마련된 정책이다. 실업급여는 구직급여, 취업촉진수당, 연장급여, 상병급여 등으로 구성된다. 지급되는 구직급여의 액수는 재직 기간과 재직 중 급여에 따라서 차이가 있는데 일 최고 4만 원, 최대 240일까지 받을 수 있다. 한 가지 주의해야 할 것은 신청시기다. 내가 240일을 받을 수 있는데 퇴직 후 6개월간 여행을 하고 돌아와서 실업급여를 신청하면, 365일 가운데 180일(6개월×30일)이 지났기 때문에 185(365일-180일)일에 해당하는 실업급여만 받을 수 있다.

실업급여를 신청하는 방법은 거주지 관할 고용센터를 통해 직접 신고하는 것이다. 근로자가 퇴직하면 회사에서는 상실신고를 하고, 퇴직자가 직접 거주지 부근 고용센터를 방문해서 신청한다. 단, 구직급여의 경우는 적극적인 구직활동을 하고 있다는 활동상황을 주기적으로 보고해야 하는 번거로움이 있다. 만일 실업급여를 신청하고 구직활동을 하던 중에 재취업을 하면, 남은 금액의 50%를 조기 재취업 수당으로 받을 수 있다.

● **국민연금은 어떻게 해야 하나**

퇴직하고 집에 있으면, 내가 회사를 그만둔 것을 어떻게 알았는지 우리 집 우편함에 국민연금공단에서 발행한 가입안내 우편물이 들어온다. 국민연금은 직장가입자와 지역가입자로 구분되는데, 퇴직하면 직장가입자에서 지역가입자로 전환된다. 직장가입자의 경우는 납부해야 할 보험료의 50%를 사업주가 부담하고, 난 나머지 50%를 부담하는 구조이다. 하지만 지역가입자의 경우는 내 보험료를 부담해 줄 사업주가 없으므로 내 소득으로 책정된 보험료 100%를 내가 부담해야 한다. 그렇다면 수입이 없는 나는 도대체 얼마의 보험료를 납부해야 하는가?

이렇게 소득이 없을 때는 납입유예가 가능하다. 대신 내가 받을 연금액은 유예된 기간에 비례해서 줄어든다. 그러므로 무조건 납입유예를 선택하는 것이 최선은 아니다. 소득이 없더라도 임의가입제도를 통해서 계속 국민연금 보험료를 낼 수 있는데, 이 경우에는 당연히 납입유예의 경우보다는 더 많은 연금을 받을 수 있다.

임의가입제도를 이용해서 보험료를 납부하게 되면 소득기준이 없으므로 월 최소 89,100원에서부터 최대 367,200원까지 납부할 수 있다. 여기서 중요한 것은 보험료를 납부하는 금액의 비율만큼 연금액이 커지지는 않는다는 점이다. 즉 89,100원의 3배인 267,300원을 납입했다고 나중에 3배만큼 더 많은 연금을 받는 것은 아니다. 이것은 국민연금에는 소득분배기능이 적용되기 때문인데, 퇴직 시점에 거주지 부근 국민연금공단을 방문해서 상담사들과 납입보험료 대비 예상되는 연금 액수를 시뮬레이션해 최적의 보험료를 산출하는 것이 좋은 방법이다.

국민연금을 받는 시기는 출생 연도별로 차이가 있는데, 53~56년생은 61세부터, 57~60년생은 62세부터, 61~64년생은 63세부터, 65~68년생은 64세부터, 69년생 이후는 65세부터 받는다.

2년 전 대기업을 퇴직하고 커피전문점을 운영하던 57년생 김봉갑 씨는 경험부족과 커피전문점 과당경쟁으로 결국 세무서에 폐업계를 제출했다. 25년간 직장생활을 하면서 준비했던 여유자금을 권리금, 인테리어 비용으로 모두 투자하고 지난 2년간 휴일은커녕 명절에도 쉬지 않고 영업했는데, 그에게 남은 것은 1억 원에 가까운 빚뿐이었다. 자본도 없을뿐더러 자영업을 하면서 너무 고생해서, 창업에는 눈도 돌리지 않고 당장 할 일을 찾고 있다. 그런데 일자리가 찾는다고 바로 나오는 것도 아니고, 이자를 갚을 돈은커녕 생활비도 부족해 날마다 빠듯하다. 답답한 마음에 국민연금공단(www.nps.or.kr/ 콜센터: 1355)에 문의하니 62세부터 100만 원 정도의 연금이 지급될 예정이라고 한다.

김봉갑 씨의 경우와 같은 어려운 사정을 어느 정도 해결할 방법으로 '조기노령연금' 제도가 있다. '조기노령연금'은 연금을 수령하는 연령에서 5년 전부터 연금을 미리 받을 수 있는 제도다. 이 제도는 일정 금액 이상의 소득활동을 하지 않는 사람이 신청할 수 있는데, 문제는 1년을 앞당겨 받을 때마다 6%씩 연금액이 줄어든다는 사실이다. 김봉갑 씨의 경우 현재 58세이고 4년을 앞당겨 받는 것이니 100만 원이 아닌 76만 원을 수령하게 된다. 중요한 것은 이 금액이 62세가 되었을 때 100만 원 선으로 회복되는 것이 아니고, 줄어든 금액에 고정된다는 점이다. 이 때문에 '조기노령연금'이 김봉갑 씨의 경우처럼 국민연금이 지급될 때까지 소득이 단절된 '은퇴 크레바스' 시기에는 커다란 도움이 될 수도 있지만, 고령화가 계속되는 현실을 고려하면 신중한 판단이 필요하다.

반대의 경우로 '연기연금'이라는 제도도 있다. 연금수령연령에 도달했는데 소득이 있거나 여러 가지 이유로 당장 국민연금을 수령하지 않고 나중에 수령하는 제도인데, 이 경우 1년에 7.2%씩을 더 받을 수 있다. 미리 받을 것인가 아니면 나중에 받을 것인가는 수급자의 사정 등을 고려해서 신중하게 판단해야 한다.

● **건강보험은 어떻게 해야 하나**

아마도 퇴직 후에 가장 궁금하고 걱정이 되는 제도가 바로 건강보험일 것이다. 건강보험도 국민연금과 유사하게 직장건강보험과 지역건강보험으로 구분이 되는데, 당연히 퇴직하면 지역건강보험으로 편입된다. 문제는 국민연금의 경우 소득이 없으면 '납입유예' 제도로 보험료 납입을 유예할 수 있는데, 건강보험의 경우에는 이런 제도가 없다.

지역건강보험료의 경우 소득, 재산(전월세, 자동차 포함), 세대원의 성, 연령 등을 점수화하여 보험료 부과 점수를 집계하고, '178원/점수'(2015년 기준)를 계산해 산출한다. 이런 이유로 퇴직 후 수입이 줄더라도 오히려 재직할 때보다 더 많은 건강보험료를 내는 경우도 나타난다.

이런 경우에는 '임의계속가입자' 제도를 이용하면 도움이 되는데, 이는 퇴직 후 2년 동안 퇴직 전에 내던 직장건강보험료를 납부하는 제도로, 신고기

한을 준수해야 한다. 즉 지역가입자로 전환된 이후 최초로 고지받은 지역보험료의 납부기한 이후 2개월 이내에 신청해야 적용이 가능하고, 이 기간이 지나면 혜택을 받지 못한다(문의 : www.nhis.or.kr/1577-1000).

● **주택연금**

주택연금(역모기지론)은 살고 있는 주택을 담보로 금융회사로부터 대출받는 제도다. 일반 담보대출과의 차이는 대출금을 일시금으로 수령하는 것이 아니고, 매월 일정 금액을 연금형태로 받는다는 것이다. 주택연금에 가입하기 위해서는 주택소유자가 만60세 이상이고, 소유한 주택이 시가 9억 원 이하여야 한다.

주택연금 지급방식은 담보주택가격(실거래가) 중 일부를 일시금으로 받고 나머지를 연금형태로 받을 수도 있고, 또는 전체를 연금형태로 받을 수도 있다. 연금지급형태 역시 죽을 때까지 받는 종신형과 일정기간(10~30년) 동안만 받는 확정기간방식이 있다. 주택연금에서 중요한 점은 연금지급방식을 종신형으로 선택했을 경우의 지급기간인데, 주택소유자가 사망했을 경우 배우자가 생존해 있으면 그 계약은 유지되어, 배우자가 사망할 때까지 연금이 배우자에게 계속 지급된다.

연금액은 현재 주택가격을 기준으로 산정한다. 예를 들어 중간에 주택가격이 오르더라도 연금액이 변동되지는 않지만, 사망 후 주택가격을 정산해서 총 수령액이 그보다 적을 경우에는 그 차액을 상속인에게 돌려준다. 반대로 주택가격이 하락했을 경우에는 약속된 연금을 지급하며, 사망시점에 주택가격보다 총 수령액이 많다고 해도 별도의 환수조치는 없다.

2015년 주택연금의 예상지급액은 다음과 같다.

(단위 : 천 원)

주택 가격 연령	1억 원	2억 원	3억 원	4억 원	5억 원	6억 원	7억 원	8억 원	9억 원
50세	145	290	435	580	725	870	1,015	1,160	1,305
55세	170	340	510	680	850	1,020	1,190	1,360	1,530
60세	227	455	682	910	1,138	1,365	1,593	1,820	2,048
65세	272	544	816	1,088	1,360	1,632	1,904	2,176	2,448
70세	328	657	986	1,315	1,643	1,972	2,301	2,630	2,958
75세	403	807	1,210	1,614	2,017	2,421	2,824	3,172	3,172
80세	505	1,011	1,517	2,023	2,529	3,035	3,493	3,493	3,493

(종신지급형, 정액형 2015. 2. 1 기준)

주택연금의 가장 커다란 장점은 살던 곳에 계속 거주하면서 안정된 연금을 수령할 수 있다는 사실이다. 노후 주거지와 관련하여 AIP(Aging In Place, 살던 장소에서 나이 들어간다)라는 개념이 중요하게 등장하고 있다.

방영철 씨(65세)는 80년대 후반 목동 신시가지가 조성될 때 입주하여 지금까지 거주하고 있다. 이 아파트는 7억 원 정도에 거래되고 있는데, 문제는 담보대출금 2억 원이다. 현재 화물차 운전을 하면서 월 150만 원의 수입이 있지만, 월 100만 원의 이자를 내고 나면 생활하기가 빠듯해 어쩔 수 없이 자녀들의 도움을 받고 있다. 자녀들은 이제 공부할 아이들도 없으니 살고 있는 아파트를 정리해 빚을 갚고 서울 근교에 있는 작은 평수의 아파트로 이사할 것을 권하는데, 30년 이상을 목동에서 살아온 아내가 "이 나이에 낯설고 물선 곳에서 어떻게 지내느냐?"며 완강하게 반대하고 있는 상태다. 목동 내의 작은 아파트로 이사하려고 생각해보았으나 이사비용, 제반세금을 고려해보면 그것도 쉬운 일이 아니다.

답답한 마음에 금융전문가와 상담하니 '주택연금'을 소개하는 것이다. 일시금 2억 원으로 대출금을 상환하고, 나이를 고려해서 계산해보니 매월 130만 원가량의 연금을 아내가 사망할 때까지 받을 수 있었다. 자신의 150만 원 수입 중 매월 발생하던 100만 원의 이자 지출이 없어지고, 주택연금 130만 원을 합하니 매월 280만 원의 안정적인 소득이 생겼다.

이때 금융전문가가 "주택연금의 단점이 물가상승을 반영하지 못한다는 점입니다. 때문에 물가상승률 3%만 반영하더라도 20년 후에는 130만 원의 가치가 절반으로 떨어진다는 약점이 있습니다. 현재 예상되는 280만 원 중 매월 100만 원씩을 5년간 납입하는 연금상품에 가입하고 80세가 되는 시점에 연금을 수령할 수 있도록 하면, 이러한 물가상승의 위험에서 벗어날 수 있을 겁니다."라고 추천했다.

방영철 씨는 주택연금과 개인연금을 이용해서 부동산을 유동 자산화했을 뿐만 아니라 노후에 안정적인 소득원도 확보하게 되었다.

● **귀찮지만 소소한 납입금도 챙기자**

이병철 씨(53세)는 대기업 상사에서 부장으로 퇴직했다. 현직에 있을 때, 통장에서 생각지도 않았던 자금이 인출되는 바람에 잔액이 부족해 신용카드 사용대금 30만 원을 2주간 연체한 경험이 있다. 얼마 전에 퇴직하고 똑같은 실수를 하게 되었다. 2주 후에 연체 사실을 확인하고 바로 연체대금을 결제했는데, 다음 달 카드사용내용을 받아보니 사용한도가 절반으로 줄어 있었다. 여기서 금융회사의 입장이 나타난다. 이병철 씨가 대기업 부장으로 있으면서 카드결제대금을 연체했을 경우에는 '아, 이병철 부장님이 결제금액을 실수로 연체하셨구나!'하고 생각하지만, 퇴직 후에 이병철 씨가 같은 실수를 했을 경우에는 '아니! 이병철이라는 사람이 30만 원씩이나 되는 돈을 2주간이나 연체했네! 이 사람은 금융사고를 낼 가능성이 있겠는데!'라고 판단하면서 금융회사 자체 보호프로그램을 가동한다. 즉, 카드사용한도를 줄이면서 개인의 신용등급을 낮추어 장래 금융사고를 일으켰을 때 금융회사에서 입을 손실을 최소화하는 것이다. 퇴직 후에 사용한도를 높여서 신용카드를 펑펑 사용하자는 이야기를 하는 것이 아니다. 개인의 신용등급에 영향을 끼치는 요인은 큰 금액의 연체가 아닌 소소한 연체라는 것이다. 또한 공과금, 세금, 통신요금과 같은 것도 연체하게 되면 신용등급에 영향을 끼친다. 이러한 것은 우리가 조금만 신경 쓰면 관리할 수 있는 부분이다.

 퇴직 후에는 이직, 전직, 창업 등 다양한 대안이 있고 경우에 따라서는 저리로 지원되거나 정부에서 출연하는 기금을 이용할 수도 있다. 만일 사업을 하면서 이러한 자금을 지원받을 자격이 된다면 당연히 이용해야 한다. 문제는 까다로운 정부지원자금의 요건을 맞추더라도 최종적으로 개인의 신용도가 낮으면 이용에 제한받는다는 점이다. 정부자금을 지원하는 기준 중에 가장 우선시되는 것은 지원받는 사람의 신용등급이며, 경우에 따라서는 배우자의 신용등급까지 반영되는 경우도 있다.

기술적 흐름에서
뒤처지지 말자

　교도소에서 15년간 복역한 사람이 서울구치소에서 출소해 혼자 대전 서구 괴정동에 있는 집으로 가는 과정을 상상해보았다. 먼저 구치소 정문에서 지하철 인덕원역까지 버스를 타고 가야 하는데, 당연히 버스카드가 없을 테니 현금을 내고 탄다. 인덕원역에서 서울역까지 가는 지하철을 탈 때 승차권을 어떻게 끊어야 할지도 몰라 주변에 물어봐 겨우 지하철을 타는 데 성공한다(교통카드가 있으면 환승할인혜택도 있다). 집에 전화 좀 했으면 좋겠는데 공중전화도 보이지 않고, 창피함을 무릅쓰고 옆에 있는 청년에게 휴대전화를 빌려보아도 누르는 버튼도 없는 스마트폰은 낯설기만 하다. 전화번호를 불러주고 어렵사리 어머니와 통화를 하고, 어찌어찌 서울역에 도착은 했는데 카드 보증금 500원을 돌려받는 것을 모르니 승차권은 그냥 주머니에 넣고 이동한다. 서울역에서 대전역으로 가는 기차표를 샀더니 KTX라고 하면서 옛날처럼 딱딱한 종이 승차권이 아니고 달랑 영수증 한 장만 주는 것이 아닌가. 직원에게 표를 달라고 하니 그게 표란다. 어떻게 대전역에 도착해서 괴정동 집까지 가려고 전철역으로 들어가니 이건 서울과는 시스템이 완전히 다른 것이다.

교통편을 이용하는 것은 시작에 불과할 것이다. 휴대전화라고 해서 구입했는데 뭐가 이리 복잡한지. 휴대전화면 전화만 걸고 받으면 되는 건데, 전화 걸기도 힘들고 어쩌다 전화가 오면 받는 것도 어렵고, 뭘 눌렀는지 그냥 전화가 걸리고……. 인터넷 사용이 대중화되고 스마트폰이 보급되면서 우리 주변 환경은 정말 하루가 다르게 변하고 있다. 단 몇 년만 서울을 떠나 있어도 그 흐름을 따라잡기 힘든 게 사실이다.

스마트폰이 대중화되면서 페이스북, 카카오톡, 밴드, 트위터 등 SNS(Social Network Service, 소셜 네트워크 서비스)가 범람하고 있으며, 상대적으로 IT에 취약한 50대는 많은 스트레스를 받는 게 사실이다. 여기서 두 가지 범주로 나뉘는데, 적극적으로 SNS를 활용하는 부류가 있는가 하면, 차라리 무시하면서 스마트폰에서 오로지 전화와 문자 기능만을 이용하는 사람이 있다.

변희섭 씨(54세)는 평소 페이스북에 대해 들어는 보았지만, 막상 시작할 엄두는 나지 않고, 개인의 신상이 노출된다는 부정적인 기사를 많이 봐서 관망하고 있었다. 그러던 중 우연한 기회에 SNS 교육을 받게 되어 그곳에서 페이스북을 처음 접했다. 계정을 개설하는 방법, 친구 수락하는 방법 등 페이스북 이용과 관련된 다양한 교육을 받고 페이스북 계정을 만들었다.

페이스북에 들어가 보니 군에 입대한 아들 녀석의 계정이 보였고, 친구 신청을 해서 서로 소통하게 되었다. 요즘 군대는 보안 때문에 스마트폰은 가져가지 못해도 인터넷은 짬짬이 할 수 있어, 실시간은 아니어도 기본적인 소통은 가능했다. 그렇다고 깊은 이야기를 하는 것은 아니고 '어, 아들 잘지내지?', '응, 아빠 안녕.'하고 인사를 나누거나 지방 출장 중에 근황을 사진으로 찍어 페이스북에 올리면 아들이 뒤늦게 '아빠, 얼굴이 피곤해 보여요. 건강 조심하세요.'라고 댓글을 다는 정도의 소통이었다.

그런데 이렇게 페이스북을 이용해서 소통한 지 4개월 만에 엄청난 변화가 나타났다. 사실 이제까지 변희섭 씨와 아들의 관계는 최악이었다. 아들 사춘기에 서로의 소통부족으로 서먹서먹해지더니 고3 입시를 거치면서 감정의 골이 더욱 깊어져 군대 입대하기 전에는 아빠에 대한 아들의 부정적인 감정이 극에 달해 있었다. 변희섭 씨도 이런 것을 느끼고 어떻게든 아들과 대화하려고 노력했지만 막상 이야기하다 보면 욱하는 감정만 앞섰고, 항상 대화의 끝은 일방적인 훈계였다.

그런데 페이스북으로 간간이 소통하는 것 자체가 이들 부자에게는 커다란 변화로 다가왔다. 아들이 휴가를 나왔을 때, 부자가 침대에 나란히 앉아 서로 스마트폰을 보면서 이런저런 대화를 할 수 있게 되었다. 여기서 그치지 않고 아들이 제대한 후에도 아들과의 소통을 지속하고 있다.

SNS를 활용하면서 가장 좋았던 점은 젊은 세대와 소통이 가능하다는 사실이다. 그러나 개입할 시기와 그러지 말아야 할 시기를 정확하게 판단해야 하며, 이에는 약간의 기술이 필요하다. 그래서 전문적인 교육을 받는 것이 좋다.

변희섭 씨에게는 대학 4학년인 딸이 있는데, 아들과 달리 딸은 페이스북 친구 신청을 수락하지 않아 소통이 안 되고 있다. "넌 왜 아빠 신청을 수락 안 해?"라고 물으니 "아빠, 나도 내 사생활이 있어!"라는 대답이 돌아왔다. 내심 섭섭했는데 친구로부터 기가 막힌 이야기를 들었다.

이 친구가 대학 4학년 딸과 페이스북으로 소통하게 되었는데, 페이스북에서 친구로 연결되면 다른 친구들과 대화하는 내용도 볼 수가 있었다. 그런데 여대생들이 서로 대화하는 내용 중에 왜 그렇게 욕을 쓰는지. 어느 날 딸에게 별생각 없이 "너희는 여자애들이 대화하는데 왜 그렇게 욕이 많니? 좋은 말 좀 쓰자."라고 이야기했더니 딸은 바로 그날로 친구 관계를 끊어버렸다. 개입할 부분과 개입하지 말아야 하는 부분을 구분하지 못했기 때문이다.

chapter 03

정글에서 탈출하기

대한민국 직장인의 평균 퇴직연령은 53세다. 1955년생인 베이비부머 맏형이 지난 2008년부터 퇴직을 시작했고, 지금 이 순간에도 많은 베이비부머가 직장에서 내쳐지고 있다. 하지만 주변을 살펴보면 전직과 관련해서 도움을 받을 수 있는 다양한 경로가 존재한다.

정글 탈출을 도와주는 프로그램

앞에서도 언급했지만 대한민국 직장인의 평균 퇴직연령은 53세다. 1955년생인 베이비부머 맏형이 지난 2008년부터 퇴직을 시작했고, 지금 이 순간에도 많은 베이비부머가 직장에서 내쳐지고 있다. 이렇게 우리 50대 아빠가 대책 없이 정글로 던져지고 있는데도 불구하고 이들에 대한 구체적인 지원 정책은 미비할 따름이다. 또한 이들이 실직했을 때 새로운 직업을 찾을 수 있도록 도움을 주는 공식적인 지원은 무척 드물다(지난 2013년 4월에 정부에서 제출한 '고용상 연령차별금지 및 고령자 고용촉진에 관한 법률 일부개정안'에는 300인 이상 기업의 경우 전직지원서비스를 의무화하는 내용이 포함되었지만, 2015년 8월 현재 이 조항은 국회에서 계류 중이다).

이러한 이유로 이력서를 쓰는 대부분의 50대 아빠는 퇴직 후의 죽음과도 같은 스트레스를 혼자 삭히고 있다. 그러다 보면 잘못된 경로로 그릇된 정보를 얻어 다단계의 늪에 빠져 또다시 좌절하는 경우도 생기고, 준비되지 않은 창업으로 퇴직금을 탕진하는 사례도 많이 볼 수 있다.

하지만 주변을 살펴보면 전직과 관련해 도움받을 수 있는 다양한 경로가 있는데, 특히 고용노동부에서 시행하고 있는 성실프로그램은 이력서 쓰는 아빠에게 많은 도움이 될 수 있어 소개한다.

● **성실프로그램**

성실프로그램은 중장년(50세 이상)이 새로운 일자리를 찾아 알찬 제2의 인생을 설계할 수 있도록 고용노동부에서 지원하는 프로그램이다. 이는 구직자의 자신감을 고취시키고, 일자리 정보의 탐색, 이력서 작성, 면접기법 등 구직활동에 필요한 제반기술을 익힐 수 있도록 도와준다. '성실'이라는 프로그램 이름에는 '성(成)공적인 실버(silver)'라는 의미와 성실하게 차곡차곡 준비하면 목적한 바를 이룬다는 의미가 함께 들어 있다.

성실프로그램의 기본 모형은 다음과 같다.

선택을 위한 준비	구직을 위한 학습	계획 세우기	결과
1. 자신에 대한 이해 2. 희망취업분야 선택	1. 일자리정보 찾기 2. 이력서작성법 익히기 3. 면접기술 익히기 4. 효과적인 대화법 익히기 5. 감정조절법 익히기	1. 구직실행계획 세우기 2. 사회적 지지체계 구축	1. 구직성공 2. 정신건강 3. 경제적 안정 4. 사회적 안정

성실프로그램은 기본적으로 일자리를 지원하는 프로그램이지만, 퇴직 후에 겪는 변화에 대한 적응과 자신에 대한 점검, 대화방법, 감정조절 등 다양한 분야에 대한 교육을 포함하고 있다. 6개월 이상의 실직 경험이 있거나 이직 및 전직을 희망하는 사람들, 취업의욕을 상실하여 자신감이 없거나 기술이 부족해 면접에 빈번히 떨어지는 50세 이상 퇴직자가 주 대상이다.

이 프로그램은 12~15명이 소그룹을 구성하여 4일간 하루 6시간씩 진행하며, 진행자와 참가자 간의 밀접한 교류와 체계적인 교육과정을 통해 취업활동에 필요한 다양한 정보를 얻을 수 있다. 프로그램은 만남의 마당에서 다짐의 마당까지 총 다섯 개의 마당으로 이루어져 있으며, 각 마당마다 취업성공을 위한 다양한 프로그램이 진행된다.

01. 만남의 마당	• 프로그램에 대한 소개 및 목적 이해 • 집단응집력 향상
02. 선택의 마당	• 건강을 중심으로 한 자기관리 방법 익히기 • 자신의 강점 이해하기 • 희망취업분야 선택하기
03. 배움의 마당	• 취업 성공요인 파악 • 이력서 작성법 알아보기 • 면접기술 익히기
04. 긍정의 마당	• 효과적인 대화법 익히기 • 화 다스리는 법 익히기
05. 다짐의 마당	• 프로그램 성과 다지기 • 구직실행계획 세우기 • 사회적 지지체계 구축하기

성실프로그램은 전국 고용센터에서 운영되며, 각 기관별로 운영시기가 다르므로 그때그때 확인해야 한다.

성실프로그램을 이용하고자 한다면 먼저 워크넷(www.work.go.kr)에 접속한다. 워크넷 메인 화면에서 [장년]을 선택하고, [성실프로그램]으로 들어간다. [프로그램 참여하기]를 선택하면 성실프로그램을 이용할 수 있다.

성실프로그램의 장점은 단순한 재취업 교육에 그치는 것이 아니라 프로그램 내에 화 다스리는 방법, 대화하는 방법 등 변화에 대한 다양한 교육을 마련해놓았다는 것이다. 또 나와 비슷한 처지의 사람들과 정보를 공유할 수 있는 장이 마련되어 있어, 다양한 사례를 접할 수 있다.

내 커리어
활용하기

　50대의 성공적인 이직을 위해서는 이전과 전혀 다른 일을 찾는 것보다는 퇴직 전에 하던 일을 경력으로 활용할 수 있는 직업을 찾는 것이 훨씬 유리하다. 현재 종사하고 있는 일과 전혀 다른 직업을 찾고 있다면, 경력을 인정받기 어렵고 임금협상에서도 상당히 불리하기 때문이다.

　일반적으로 기업에서 신입사원에게 주는 급여는 생산성에 비해서 마이너스다. 경험이 없고, 부수적인 교육훈련비가 투여되기 때문에 이 시기는 기업의 미래를 위한 투자라고 할 수 있다. 또 어느 정도 경력이 쌓인 중견사원에게 지급되는 급여는 생산성에 비해 월등히 높다. 50대 사원에게 지급하는 급여 수준은 그동안 그가 회사에 헌신한 노력에 대한 대가이기 때문이다. 그렇기 때문에 기업에서는 50대를 채용할 때 급여 책정에 대해 크게 고민할 수밖에 없다. 기업 내의 그 나이대의 직원만큼의 급여를 주기에는 아직 능력과 헌신을 보여준 적이 없으니 말이다.

기업에서 50대를 직원으로 채용한다면 그가 전 기업에서 그동안 축적한 업무경험을 활용하고자 할 텐데, 만일 전혀 새로운 분야로 이직한다면 다른 사람에 비해 돋보이는 '+α'의 경쟁력을 갖추어야 한다. 하지만 이것을 찾고 개발하는 것이 쉬운 일은 아니다.

따라서 전혀 모르는 분야의 일을 새롭게 시작하는 것보다 이전 직업과 유사한 직업으로 이직한 사람들이 이직 후 업무에 더욱 쉽게 적응함은 물론이요, 새로운 직장에서 상대적으로 오랫동안 근무하는 것으로 나타났다.

50대 아빠의 성공적인 이직을 위해서는 이전 일과 전혀 다른 새로운 일을 찾는 것보다는, 내 경력을 축적하면서 전 직장에서의 업무 경험을 활용할 수 있도록 전에 하던 일과 관련된 일을 찾는 것이 중요하다.

● **있을 때 조심하자(평판조회)**

대기업 기획조정실에서 부장으로 퇴직한 손희철 씨(53세)는 퇴직 후에도 매우 적극적으로 구직활동을 했다. 국내 유수 서치펌에 이력서를 보내고, 매일 인터넷 취업포털에서 구인과 관련된 정보를 검색했다. 주변 지인들에게도 현재 상황을 이야기하고, 추천을 부탁했다. 그 결과 4개월 만에 헤드헌터로부터 중견기업의 임원자리를 추천받았고, 서류전형과 인터뷰를 거치면서 해당 기업으로부터 긍정적인 반응을 얻었다. 연봉과 출근시기만 조율하면 되는 단계에 이르러서는 마음속으로 '이제 되었다! 50세를 훌쩍 넘긴 나이에 중견기업 임원으로 재취업에 성공하는 것이 어디 쉬운 일이냐?' 하는 생각이 들어 스스로가 대견하기만 했다. 그런데 새로운 곳에서 더욱 잘해보겠다고 마음먹은 그에게 청천벽력 같은 소식이 들렸다.

일련의 입사진행과정에서 손희철 씨에게 상당한 호감을 갖고 있던 기업으로부터 평판조회 결과 더 이상 채용을 진행할 수 없다는 연락을 받은 것이다. 나중에 확인해보니 손희철 씨가 과거에 재직했던 기업에서 참여했던 인수, 합병 과정에서 그에게 좋지 않은 감정을 가지고 있던 직원이 응답한 평판조회 결과가 발목을 잡은 것이었다.

최근 들어 평판조회가 채용 당락을 결정하는 중요한 요소로 부각되고 있다. 얼마 전 한 인터넷 취업포털이 기업인사담당자를 대상으로 시행한 '평판조회현황'에 대한 설문조사를 보면, 조사에 참여한 기업의 51.4%가 채용 시 평판조회를 실시하고 있고, 이 결과로 탈락한 지원자도 70%가 넘는다고 대답했다.

평판조회는 후보자의 학력, 경력, 직무역량, 도덕성 등에 대해 이전 직장 상사나 동료 혹은 인사부서 등 관련자에게 확인하는 절차를 말한다. 손희철 씨의 경우처럼 후보자와 과거 어떤 인연으로 엮였느냐에 따라 상당히 개인적이고 주관적일 수밖에 없다는 한계가 있다. 때문에 공정성과 신뢰성 확보를 위해 기존의 평판조회 방법 외에 다양한 방법을 활용하는데 최근에는 개인 홈페이지나 SNS를 통한 인재 검증 방법도 늘고 있다.

평판조회로 인한 낭패를 대비하기 위해 가장 좋은 방법은 현직에 있을 때 주변관리를 하고 관심을 기울이는 것이다. 또 퇴직 후 사후관리에 신경 쓰는 것도 필요하다. 그리고 쉽게 관리할 수 있는 SNS 등을 다시 한 번 점검해보는 것이 좋다.

● **구직활동에 투자하는 시간**

퇴직 전 직장생활을 할 때의 나를 돌아보자. 경기도 부천 집에서 시청 부근의 사무실까지 출근하기 위해 새벽 6시에 일어난다. 씻고, 아침 먹고, 6시 30분에 집을 나서 8시 30분에 회사에 도착한다. 하루 동안 열심히 일하고 저녁 7시에 업무를 마친 후 집에 도착하면 빨라야 9시. 아마도 대부분의 50대 아빠의 일과는 이 패턴에서 벗어나지 못할 것이다. 사실 말이 9시지 대다수 아빠의 귀가 시간은 12시 전후일 때가 많다.

여기서 중요한 것은 하루 12시간 이상 회사를 위해서 충성을 다하던 내가 퇴직한 후 새로운 일을 찾기 위해서 보내는 시간, 즉 나 자신에게 충성하는 시간이 얼마나 되는가 하는 것이다. 혹시 '젊은 애들도 취업이 힘든데 50대인 내가 쉽겠어?'하는 마음에 나도 모르게 패배의식에 빠져 있는 것은 아닐까? 그래서 남들보다 더욱 많은 시간과 노력이 필요함에도 불구하고 그냥 취업사이트 한두 시간 방문하고 이력서 한번 올려보고는 하루를 마무리하는 것은 아닐까?

사실 모든 사람에게 재취업은 어렵고 힘든 활동이다. 특히 50대에게는 더욱 철저한 준비와 노력이 필요하다. 이런 면에서 구직활동을 활동(Activity)으로 볼 것이 아니고 하나의 경영(Management)으로 생각하는 자세가 필요하다. 회사에서 업무를 진행할 때처럼 전략적인 경영활동으로 시선을 넓혀서, 내가 가지고 있는 자산을 최대한 활용할 수 있는 전략을 세워야 할 것이다.

기획업무(전직 전략수립), 영업활동(인재은행 이력서 등록, 헤드헌터 접촉, 네트워킹활동 등), 마케팅(SNS 관리, 링크드인과 같은 네트워킹사이트 등록, 관련 모임

참석), 교육훈련(내일배움카드 이용에 필요한 교육 이수, 중장년취업아카데미 등), 재무(현재의 재무상황 파악, 구직기간 설정 및 필요경비 정리, 금융·투자 상품의 재조정 등), R&D(전략적 이력서 준비, 인터뷰 연습 등) 등과 같이 기업에서 각 부서의 유기적인 역할을 내 구직활동에 적용할 필요가 있다.

힘들고 막연하기만 한 구직활동을 이렇게 내가 알고 있는 시스템에 적용시키고 체계적인 전략을 세우면 하루하루가 매우 바쁘게 지나갈 것이고, 남들보다 좀 더 빠른 시간에 새로운 삶을 시작할 수 있을 것이다.

● **제대로 된 이력서부터 준비하자**

구직자에 대한 기업체 채용담당자의 첫인상은 이력서, 경력기술서, 자기소개서다. 몇 년 전 모 취업포털에서 기업체 채용담당자를 대상으로 조사한 결과를 발표했다. 한 사람의 이력서와 자기소개서를 보는 시간은 평균 7~8분이었고, 이력서에서 가장 먼저 보는 항목은 이력서 사진(34.3%)이지만, 가장 중요하게 평가하는 항목은 경력사항(25.8%)이었다. 그 외에도 지원 직무 분야(13.0%), 전공(8.7%), 보유기술 및 교육이수 사항(8.7%), 출신학교(6.3%) 등을 중시한 것으로 나타났다. 이력서는 채용담당자가 나를 판단하는 매우 중요한 요소다.

최근에는 이력서와 경력기술서를 따로 구분하지 않는 경향이 있다. 때문에 이력서 한 장에 경력에 대한 모든 내용이 담겨야 한다. 채용하는 기업의 입장에서는 채용 후에도 과거 직장에서 이룬 성과 이상의 것을 달성해줄 잠재력이 있는지가 중요하기 때문에 이력서에 이런 내용을 담아야 한다. 이러한 이유로 셀링포인트(Selling Point)가 있고 바잉포인트(Buying Point)가 담긴 이력서를 작성해야 할 것이다.

이력서를 작성하는 요령을 살펴보자. 먼저 이력서에는 다음과 같은 사항이 들어간다.

① 이름, 주소, 전화번호, 이메일
② 지원직무
③ 경력요약
④ 학력사항
⑤ 경력사항
⑥ 상세경력사항

'지원직무' 부분은 자신이 지원한 분야를 정확하게 기입하는데, 필요하면 약간의 설명을 가미해도 상관없다.

'경력요약' 부분은 채용담당자에게 주는 일종의 서비스다. 채용담당자의 입장에서 본다면 경력요약 항목은 앞으로 이 지원자가 무엇을 이야기할 지를 일목요연하게 정리해주는 것으로 마음의 준비를 하고 이력서를 볼 수 있도록 하는 이정표 역할을 한다. 따라서 서술식 작성보다는 자신이 이루어낸 대표적인 능력과 수치화된 성과를 표현하는 것이 효과적이다.

'학력사항'은 최근 학력을 가장 먼저 적는다.

'경력사항' 역시 최근의 경력을 먼저 적는 것이 좋다. 몇 차례 회사 이동이 있었다면 단순히 회사에서 근무한 것만 나열할 것이 아니고, 회사 내에서 했던 업무내용을 기입하는 것이 좋다. 경우에 따라서는 표로 정리하는 것도 깔끔한 방법이다.

'상세경력사항'이 가장 중요한데, 대부분 단순한 직무내용의 나열로 끝나는 경우가 많다. 그런데 사실 기업의 채용담당자가 신경 써서 보는 부분은 바로 이곳이다. 내가 어떤 일을 했다는 단순한 직무의 나열이 아니고, 해당 직무를 어떻게 수행했고 그 성과가 무엇이었는지 표현해야 한다.

이때 수행한 직무에 대해서 3단계로 표현하는데, '직무 수행에 있어 어떠한 문제가 있었고, 그것을 해결하기 위해서 어떠한 행동 및 활동을 하였으며, 그 결과는 어떠한 성과로 나타났다.'고 기술한다. 주의할 것은 기업에서는 성취업적 및 결과를 중요하게 보기 때문에 가시적인 내용이 반영되어야 한다. 즉, 몇 % 향상, 금액상 얼마(3억 원) 절감, 또는 몇 개월 단축 등 수치화된 표현을 사용하는 것이 보다 효과적이다.

이력서를 작성하기 전에 자신의 정형화된 프로필 사진을 준비하자. 급하다고 지하철에서 즉석 사진을 찍을 것이 아니고, 사진관을 방문해서 증명사진이 아닌 프로필 사진으로 촬영하고 필요하면 보정도 하는 것이 좋다. 요즘 젊은 취업준비생은 지원하는 회사에 따라서 첨부하는 사진도 다르게 준비한다. 예를 들어 금융권의 경우는 신뢰감 있는 얼굴의 사진, 항공사의 경우는 화사하게 보이는 사진으로 각각 다르게 촬영한다. 기왕이면 늙수그레한 아저씨보다는 활동적이고 경륜이 묻어나는 멋진 신사가 좋지 않겠는가?

마지막으로 이력서에 기재된 내용은 항상 업데이트하고, 이를 USB에 저장해 휴대하고 다니자. 물론 내 경력사항이 갑자기 바뀌는 것은 아니지만,

동일한 내용도 시점에 따라서 또는 상황에 따라서 포장이 바뀔 수 있을 것이다. 생각났을 때마다 이력서 내용을 업데이트해서 항상 최신 버전의 이력서를 가지고 다니자.

● **중장년일자리희망센터**

　40대 이상 중장년 퇴직(예정)자에게 재취업 및 창업, 생애설계지원, 사회참여기회제공 등의 종합 전직지원서비스를 지원하는 제도는 전국 25개소에서 운영되고 있으며, 이용자의 부담비용은 없다. 이용방법은 가까운 '중장년일자리희망센터'에 문의하거나 방문하면 되는데, '장년일자리희망넷(www.4060job.or.kr)'을 통해서도 신청 및 상담이 가능하다.

　지원되는 서비스 내용은 다음과 같다.
　- 전직지원 : 심리상담, 생애설계, 건강관리, 여가관리 등
　- 재취업지원 : 이력서·자기소개서·경력기술서 작성방법, 면접기법 지원, 취업알선
　- 창업지원 : 창업정보제공, 창업탐방, 1인 창조기업지원 등
　- 중소기업 대상 기업단위 전직지원서비스
　- 제2 인생설계서비스
　- PC, FAX, 인터넷 사용이 가능한 정보활용공간 제공

지역	기관명	홈페이지	연락처
서울	노사발전재단 서울센터	www.nosa.or.kr	02-6021-1120
	노사발전재단 강남센터	www.4060job.or.kr	02-3488-1998
	무역협회	www.4060job.or.kr	02-6000-5396
	전경련	www.4060job.or.kr	02-6336-0613
	중소기업중앙회	smjob.or.kr	02-2124-3295
	대한은퇴자협회	www.karpkr.org	02-456-0308
	대한상공회의소	4060job.korcham.net	02-6050-3454
경기 인천	노사발전재단 인천센터	www.4060job.or.kr	032-260-3806
	노사발전재단 경기센터	www.4060job.or.kr	031-8014-8510
	평택상공회의소	pyeongtaekcci.korcham.net	031-655-5813
	고양상공회의소	www.gycci.or.kr	031-969-5817
강원	노사발전재단 강원센터	www.4060job.or.kr	033-735-0968
충청	대전경총	www.dscef.or.kr	042-253-7051
	충남북부상공회의소	cbcci.korcham.net	041-556-7131
	충북경총	www.cbef.or.kr	043-221-1390
영남	노사발전재단 부산센터	www.4060job.or.kr	051-860-1321
	부산 경총	www.busanjob.or.kr	051-647-0452
	경남 경총	www.ger.or.kr	055-263-0281
	양산울산 경총	www.4060job.or.kr	052-277-9984
	노사발전재단 대구센터	www.4060job.or.kr	053-550-3001
	경북 경총	www.gbef.or.kr	054-461-5522
	경북동부 경총	www.geea.or.kr	054-278-5141
호남	광주 경총	www.gjef.or.kr	062-654-3430
	노사발전재단 전주센터	www.4060job.or.kr	063-222-1842
	목포상공회의소	www.kokpocci.korcahm.net	061-242-8581

[중장년일자리희망센터 지역별 운영기관]

● **산학협력 중점교수**

산학협력 중점교수제도는 이론만이 아닌 산업현장에서 실무경험을 쌓은 산업체 전문가를 교수로 채용하여 현장교육을 보완하려는 취지에서 시작되었다. 대학교육과정에 산학협력을 통한 교육, 연구, 창업, 취업지원활동을 중점적으로 반영한다.

산업체 경력 10년 이상인 사람이 대상자이며 원칙적으로 산업현장 경험을 중요시하고 특별한 학력기준은 없다. 산업체 경력으로 인정받는 기준은 민간산업체를 기준으로 국가기관(시설 및 군 경력 포함), 국영기업체 또는 공공기관이 해당된다.

임용형태는 전임교원으로 임용하는 것을 권장하며, 비전임교원으로 임용 시에는 전일제(full-time)로 근무하는 경우에만 산학협력 중점교수로 인정받을 수 있다. 때문에 공무원연금수급자의 경우에 산학협력교수로 임용되었을 때 임용기간 동안 공무원연금수급이 정지되는 경우도 발생한다.

산학협력 중점교수제도는 취지가 '산학협력'에 있기 때문에 본래 업무에 충실하기 위해서 강의시수를 일반 교원에 비해 30% 이상 감면해주도록 규정되어 있다. 예를 들어 일반 교원의 기준 강의시수가 9시간이라면 산학협력 중점교수의 경우는 0~6시간이다. 또 경우에 따라서는 강의를 하지 않아도 무방하다.

관련된 자세한 정보는 '산학협력종합지원센터(https://professor.uicc.re.kr/info)'에서 안내받을 수 있다.

임성한 씨(58세)는 대학 졸업 후 대기업에 공채로 입사해서 신입사원 연수를 마친 후 호텔로 지원한 정통 호텔리어 출신이다. 입사 후 처음에는 객실팀으로 배치되어 호텔리어 생활을 시작했고, 긴 시간동안 여러 부서를 거친 후에 임원으로 승진했다. 55세에 호텔에서 퇴직할 때의 직급은 연수원장이었다. 임성한 씨는 대한민국 호텔리어 1세대로서 호텔과 관련해서 이론과 경험을 겸비한 최고의 실력자였다. 그는 바쁜 직장생활 중에도 자기계발을 게을리하지 않고 호텔경영 박사과정까지 수료했으며, 국내는 물론 해외 호텔에서 근무한 경력까지 가지고 있었다.

임성한 씨는 자신의 경력 정도면 재취업은 크게 힘들지 않을 것으로 생각했는데, 현실은 녹록치 않았다. 퇴사 후 처음에는 최고의 호텔만을 고집했지만 자신에게 맞는 자리가 쉽게 나오지 않았다. 눈높이를 낮춰 작은 규모의 호텔에 지원했는데, 항상 마지막에 나이가 문제가 되는 것이었다. 이런 일이 반복되고 어느덧 1년의 시간이 흐르니, 점점 자신감이 없어지면서 위축되었다. 그러던 어느 날 사소한 일로 아내에게 짜증을 내고 있는 자신을 발견하고 깜짝 놀랐다.

울적한 마음으로 초등학교 동창을 만나서 하소연을 하는데 이 친구가 "이럴 때일수록 급하게 생각하지 말고 여유를 가져봐." 하면서 공공기관에서 운영하는 사회공헌활동에 함께 참여해보자고 권하는 것이다. 그 말도 일리가 있어서 친구와 함께 프로그램에 참석하게 되었다. 이 프로그램은 임성한 씨와 같은 경륜을 가진 베이비부머에게 기본적인 교육을 제공한 뒤, 그들을 일용직 노동자를 대상으로 한 직업소로 파견하여 그곳 노동자의 고충을 상담해주도록 지원하는 것이었다.

대기업 임원으로 생활했던 임성한 씨는 일용직 노동자들과 상담하면서 그들의 다양한 사정을 들었고, 현재 자신의 상태가 나쁜 것만은 아니라는 생각을 했다. 이 과정에서 구직활동에 대한 새로운 마음가짐을 갖게 되었고, 자연스럽게 밝은 표정을 되찾았다. 더욱 중요한 것은 4주 동안 상담과 관련된 교육을 함께 수료한 25명의 교육생들과 새로운 관계가 형성된 것이다.

교육 첫날 자기소개시간에 들어보니 전직 교장선생님, 정부기관 과장, 금융회사 지점장, 일반 기업체 부장, 가정주부 등 다양한 분야의 사람들이 모였다. 서로 다른 경험을 가지고 있는 비슷한 연령대의 사람들이 각자 경험을 공유할 수 있어서 의미 있는 시간이었다. 자연스럽게 서로 이해하게 되었고, 이 모임은 관련 활동이 끝난 후에도 지속되었다. 그런데 어느 날 정부기관에서 근무한 경험이 있는 모임원이 '정부 산하 공공 리조트에서 본부장을 공모하는데, 임성한 씨 스펙이 해당되는 것 같다.'는 정보를 제공해줬고, 10대 1의 경쟁을 뚫고 당당히 합격했다.

하늘을 날아갈 것 같았다. 50대 후반에 공기업 임원으로 재취업에 성공했으니 주변 친구들은 모두 부러워했다. 임성한 씨도 공기업 리조트는 처음이지만 새로운 곳에서 그동안 자신이 쌓아온 능력을 마음껏 발휘하고 싶었다.

1월에 임기 2년의 본부장으로 활동을 시작했는데, 문제가 있었다. 해당연도의 사업과 관련된 예산은 지난해에 모두 편성되어 있어서, 첫해에는 자신의 능력을 발휘할 수 있는 여지가 없었고, 공기업의 특성상 6월부터는 다음해 사업에 대한 계획을 세우고 예산을 확보하는 작업을 해야 하는데, 준비기간이 너무 짧았다. 시행착오를 겪은 뒤에 의욕적으로 사업을 준비했지만, 자신이 구상한 사업에 대한 성과물이 나오기 전에 계약기간인 2년이 만료되었다. 결국 임성한 씨는 성과를 인정받지 못하고 재임용에 실패했다. 허무했다. 지난 2년간 그렇게 노력했는데, 결과는 다시 2년 전으로 돌아가 버렸으니…….

임성한 씨는 퇴직 후 자신의 경력을 다시 한 번 점검해보았다. 호텔, 리조트와 관련해서 다양한 경험을 가지고 있었고, 또 그 경험들을 체계적으로 정리한 자료가 있었다. 이러한 자신의 경험을 제대로 활용할 수 있는 곳을 찾아보니 '산학협력 중점교수' 제도가 눈에 들어왔다. 크게 학력은 따지지 않지만, 다행스럽게 박사과정을 수료한 학력도 있기 때문에 호텔과 관련된 학과면 경쟁력이 있을 것으로 판단했다. 휴대전화에서 대학원에서 함께 공부했던 지인들, 현재 대학과 관련된 지인의 전화번호를 모두 정리했다. 전화로 현재 상황을 이야기하고 필요한 사람들은 모두 만나서 자신이 산학협력 중점교수에 관심이 있다는 이야기를 했다. 임성한 씨의 경력과 실력을 알고 있는 주변 지인들은 임성한 씨에 대해서 주변에 적극적으로 이야기했고, 6개월 만에 모 대학 관광학과에서 강의를 시작했다.

새로운 활동의
장 찾기

 일반적으로 새로운 분야로 취업하고자 하는 사람들은 크게 두 가지 이유 때문에 그런 결정을 내린다. 첫 번째는 자신이 사업을 할 것을 전제로 새로운 일을 배우기 위해서 전문적인 업체에 취업해 경험을 쌓는 것이고, 두 번째는 지금까지 일해온 분야에서는 나이나 연봉 등의 문제로 취업하기 어려워 쉽게 접근할 수 있는 분야의 일을 찾는 경우다.

 아마도 이력서를 쓰는 50대 아빠의 경우는 두 번째 경우가 대부분일 것이다. 첫 번째의 경우는 자신이 원해서 내린 결정이기 때문에 경험을 쌓는 과정에서 어렵고 고생스러운 부분이 있더라도 쉽게 극복할 수 있지만, 두 번째의 경우는 이제까지 해오던 일과는 전혀 다른 일을 해야 하기 때문에 리스크도 크고 준비기간도 길다. 또한 경력과 전문성을 인정받지 못하기 때문에 현역시절보다 급여가 크게 줄어들고, 상대적인 지위마저 떨어지기 때문에 상실감이 더욱 크게 나타난다.

게다가 50대 아빠를 채용할 때 구인업체에서 가장 중요하게 보는 것은 지원자가 과연 그 업무를 할 수 있겠느냐는 직무수행의 적합성이다. 그리고 이 적합성을 알아보기 위해 구직자에게 확인하는 것이 해당 분야에 대한 교육을 제대로 받았는가 하는 점이다. 따라서 새로운 분야에 재취업하기 위해서는 해당 분야에 대한 훈련기간을 거쳐야 한다. 직무에 따라 차이는 있지만 적어도 3개월에서 1년 정도의 준비기간이 필요하다.

여기서 공통점이 보인다. 두 경우 모두 경험을 쌓거나, 새로운 교육을 받기 위한 적응기간, 즉 시간이 필요하다는 것이다. 따라서 전혀 새로운 분야로 전직하기 위해서는 절대 서둘러서는 안 되고 새로운 곳으로 진입하기 위한 완충기가 필요하다.

또 한 가지 중요한 사실은 새로운 분야로 취업이 성공했다고 하더라도 이는 임시방편이라는 사실이다. 우리나라 직장인의 한 회사에서의 평균 근속연수는 6.2년이라고 한다. 평균으로만 계산해도 6년 후에는 또다시 퇴직이라는 악순환이 계속될 것이다. 지금도 이렇게 재취업이 힘들었는데, 6년 후에는 지금보다도 더욱 힘들 것이 당연하다.

기왕에 힘들어서 새로운 분야로 진출하려면 그냥 등 떠밀려 가듯이 수동적으로 접근할 것이 아니고, 앞으로 20년 이상 더 할 수 있는 일을 적극적으로 찾는 것이 중요하다.

● **직업에 대한 편견을 버리자**

50대를 채용하는 구인업체에서 중요하게 보는 또 다른 요소는 '건강'이다.

요즘은 워낙 건강에 대해 관심이 높아 50대에 건강 이상이 있는 사람은 많지 않지만, 자기관리는 무척 중요하다. 평소에 건강에 대해 얼마나 신경 쓰고 있는지는 평상시의 말과 행동에서 은연중에 나타난다.

다음은 조직 적응력이다. 특히 새로운 분야에서 일하게 되면 나보다 나이 어린 상사들도 있을 것이고 젊은 동료와 함께 일하는 경우가 생기는데, 이를 대하는 긍정적인 자세를 채용담당자에게 적극적으로 어필해야 한다.

또 새로운 일을 시작함에 있어 일에 대한 편견을 버리기 위한 노력이 필요하다. 특히 사무관리직 분야에서 일한 사람들은 퇴직 후 같은 분야의 직장을 구하는 것은 현실적으로 매우 어렵다. 그렇기 때문에 여러 가지 새로운 분야에 관심을 가지고 도전해보려 하지만 선뜻 결정하기가 쉽지는 않다. 주변의 눈도 의식하게 되고 나에게 이 일이 맞는지도 모르겠고, 무엇보다 중요한 것은 내키지가 않는다는 사실이다. 이럴 경우 두 가지 질문을 스스로에게 해보자.

첫째는 '이 일이 진정 내가 해보고 싶은 일인가?', 둘째는 '내가 할 수 있는 일인가?'다. 만일 이 두 가지 질문에 모두 '예'라는 대답이 나온다면 그 일에 대해서 편견을 가지지 말고 시작하면 된다.

전기공학을 전공한 송일국 씨(53세)는 대학시절 만능 스포츠맨이었다. 180cm의 훤칠한 키에 운동으로 다져진 멋진 몸매. 해당 업종에서 국가대표선수까지 지냈다. 졸업 후에는 운동보다는 전공을 살려 관련된 중견기업에서 회사생활을 시작했고, 지방사업장의 공장장까지 승진했다. 지인의 권유로 관련 사업 아이템을 가지고 3년 전에 퇴직해 사업을 시작했으나 현실은 냉정했다. 현직에 있을 때는 모두가 도와주겠다고 하더니 막상 사업을 시작하니, 그 많던 지인들은 하나둘 사라지고 결국 1년 만에 사업을 정리하게 되었다. 사업을 정리하니 아무것도 남은 것이 없었다. 아니 살고 있는 집을 담보로 한 대출금만 남아 있었다. 그나마 다행인 것은 신용불량자는 면했다는 것 정도다.

막막했고, 억울했고, 주변 지인들이 원망스러웠다. '나 송일국이 이대로 망가지지는 않을 거야!'하는 독한 마음도 생겼다. 그때 주변에서 빨리 재기할 수 있는 아이템이라면서 새로운 사업을 소개했다. 처음에는 반신반의하면서 사업설명회를 들어보니, 바로 자신에게 딱 맞는 사업이 아닌가. 큰 자본도 필요 없고, 열심히만 하면 자신의 노력만으로 연봉 1억 원은 우습다는 것이다. 6개월 전 시작했다는 이제 갓 40대로 보이는 선배사원은 월 급여로 2천5백만 원이 입금된 통장을 보여주었다. '바로 이거다!'하고 그 사업을 시작했다. 정말 열심히 했다. 출퇴근 시간을 절약하기 위해서 마음 맞는 팀원들과 오피스텔에서 숙식을 함께하면서 밤낮없이 일했다. 조금만 실적을 맞추면 급여를 더 받을 수 있다고 하기에, 마지막 남은 금융상품인 종신보험도 해약해서 그 해약환급금으로 실적을 맞추었다. 다음 달에는 부족한 실적을 저축은행에서 대출받아 채웠다. 그렇게 몇 개월이 흐른 후 정신을 차려보니 자신은 신용불량자가 되어 있었고, 불법 다단계를 하고 있는 것이 아닌가?

몇 개월간 고생은 고생대로 하고 또다시 빚만 늘었다. 아내와의 관계도 극단으로 치달았다. 큰딸이 이제 대학 1학년이고, 둘째가 고1인데. 우선 집을 정리해서 부채를 갚고 변두리 반지하방에 월세로 입주했다. 남은 돈을 아내에게 주고 무작정 집을 나왔다. 한강 고수부지에서 혼자 소주를 마시며 가만 생각해보니 자신이 너무도 한심한 것이었다. '내가 노력 안 한 것이 아닌데, 다단계인 줄 나중에 알았지만 밤낮 가리지 않고 그렇게 노력했는데……' 자책이 극에 달한 송일국 씨는 술김에 강물로 뛰어들었다. 그런데 하염없이 물속으로 가라앉는 순간 두 딸의 얼굴이 떠올랐다. '그 어린아이들이. 내가 없으면……' 다행히 119의 도움으로 바로 구조되었고, 이 일은 다시금 자신을 객관적으로 돌아보는 계기가 되었다.

충분한 사전 준비를 하지 않은 상태에서 주변 사람들의 이야기만 듣고 전 재산을 투자해서 실패했다는 것, 빠른 시간에 남들에게 성과를 보여야겠다는 조급한 마음과 쉽게 많은 돈을 벌겠다는 욕심에 불법 다단계를 시작하게 된 것. 결국 이 모든 것이 준비 부족과 욕심의 결과였다.

신용등급도 나쁘고, 관련 업계에서는 나쁜 소문이 났다. 현실적으로 취업이 힘들기에 몸으로 할 수 있는 일을 알아봤다. 그중 전기와 관련된 노동일이 다른 일에 비해 상대적으로 몸을 덜 쓰고, 또 실내에서 하는 일이라서 일기 변화에 영향을 덜 받는다는 판단이 들었다. 그 판단을 토대로 인력회사와 접촉했고, 전기 노동일을 시작했다.

송일국 씨는 수원 모 전자회사 기숙사 리모델링 공사현장에 투입되었는데, 이런 일은 팀을 이루어 원룸에서 숙식하면서 새벽부터 저녁까지 함께 생활하는 것이 특징이다. 처음에는 사다리 잡는 보조 일부터 시작해서 점차 전기배선을 만지고 선을 연결하는 전문기술자로 성장하면서 일당도 점점 올랐다. 물론 펜치와 같은 공구는 직접 구매해야 하는데, 일하다 보니 자연스럽게 공구의 종류도 늘고 기술도 점점 늘었다.

그 결과 집을 나온 지 3개월 만에 다시 가족과 합칠 수 있었다. 부인도 송일국 씨의 이러한 변화된 모습을 보면서, 남편에 대한 신뢰가 다시 생겼다. 송일국 씨는 무엇보다 사랑하는 두 딸과 함께할 수 있어서 감사하고 있다.

주변 친구들은 송일국 씨의 이러한 변화에 깜짝 놀랐다. "아니 그 멋지던 네가 이게 무슨 꼴이야?"하고 말이다. 하지만 송일국 씨는 "아직 내가 젊고, 건강하고, 또 이 일은 내가 원하고 관리만 잘하면 앞으로도 계속할 수 있잖아! 무엇보다도 사랑하는 가족과 함께할 수 있잖아! 그리고 가장으로서 나의 역할에 충실할 수 있잖아!"하고 생각한다.

●장년취업인턴제 지원사업(장년인턴제)

장년인턴제는 장년의 취업을 권장하려는 취지에서 마련된 정책으로, 신청일 기준 만50세 이상의 미취업상태인 장년을 중소기업에서 채용했을 때 해당 기업에 임금의 일부를 지원한다. 중소기업에서 만50세 이상인 장년 구직자를 3개월 인턴으로 채용해 정규직으로 전환할 시 정부에서 해당 중소기업에 정부지원금을 최대 570만 원까지 지원(인턴지원금 + 정규직 전환금)한다.

지원 내용을 구체적으로 살펴보면, 인턴기간(3개월) 동안 전일제의 경우 월 임금(약정임금)의 50%, 시간선택제의 경우 60%를 월 최대 60만 원 한도로 지원하며, 정규직 전환 지원금은 정규직 전환 2개월경과 후 매월 65만 원씩 6개월간 지급한다. 이 사업은 고용노동부에서 위탁한 전국 71개 운영기관에 신청하면 지원받을 수 있다.

이용방법은 해당지역 운영기관을 방문하거나 온라인으로 신청할 수 있다. 직접 방문하려면 고용노동부 장년취업인턴제 지원사업 사이트(www.

work.go.kr/seniorIntern)에서 해당지역 운영기관의 정보를 확인한다.

　온라인으로 신청할 때는 사이트에 접속하여 회원가입을 한 후 로그인하여 [장년인턴 참여신청]을 클릭한다. 사이트에서 요구하는 대로 인적사항을 등록해 인턴을 신청한다. 신청사항을 입력할 때 거주지 운영기관을 검색해 선택할 수 있다.

● **내일배움카드**

　내일배움카드는 구직을 원하는 구직자에게 구직과 관련된 새로운 교육을 받을 수 있도록 일정 금액(200만 원)을 지원하고, 그 범위 내에서 직업훈련교육에 참여할 수 있도록 지원하는 제도다. 대상은 직업안정기관에 구직등록한 전직실업자(고용보험 가입 이력이 있는 자) 또는 신규실업자(고용보험 가입

이력이 없는 자)로 고용센터의 상담을 거쳐 훈련의 필요성이 인정된 사람이다. 이들은 상담을 통해(필수사항) 취업희망분야와 관련 있는 훈련 직종을 협의·선정 후 직업능력개발계좌를 발급받을 수 있다.

이때 고용센터와 상담이 필수이며, 희망취업분야와 관련된 교육여부가 확인된 후에 지원이 가능하다. 이는 기본적인 제도의 취지가 재취업과 관련된 교육훈련비를 지원하기 위함임에도, 제도를 실시한 초창기에 취업과 관계없이 본인의 취미와 관련된 분야를 신청하는 경우가 있었기 때문에 사전에 상담을 통해서 재취업 의지를 파악하는 것이다.

지원 절차는 먼저 거주하는 지역 고용센터에서 구직등록 및 훈련에 대한 상담을 한 후, 신용카드 또는 체크카드 형태의 계좌를 발급받는다. 훈련수강을 모두 마치면 훈련비를 지원받는다. 총 200만 원까지 지원되는데 그중 30~50%는 훈련생 본인이 부담해야 한다. 부담비율은 훈련내용에 따라 차이가 있으니 이에 대한 사전확인이 필요하다. 특별히 중소기업 친화직종의 경우에는 400만 원까지 지원된다.

계좌의 유효기간은 발급 후 1년이며, 만일 1회 지원 후 재취업에 성공하였다가 180일 안에 실직하였다면, 다시 상담을 거쳐 200만 원까지 추가지원이 가능하다. 훈련기간 중 최대 월 11만6천 원의 훈련장려금이 지급되는 경우도 있으니, 이에 해당되는지도 살펴볼 필요가 있다.

부여받은 계좌를 이용해서 교육받을 수 있는 곳은 고용노동부에서 '적합 훈련과정'으로 인정받고 공고된 곳이다. 고용노동부 직업능력개발훈련정보망(HRD-net, www.hrd.go.kr)을 방문하면 자세한 안내를 받을 수 있다. 미용, 제과, 한식, 자동차 정비, 굴삭기운전기능사, 한옥관리사, 직업상담사, 3D형

상모델링 등 다양한 분야의 훈련과정이 개설되어 있다.

한효석 씨(55세)는 대학에서 경제학을 전공하고 대기업에서 해외영업과 관련된 업무를 했다. 성격이 적극적이며 영어를 좋아했고, 미군부대에서 카투사로 근무했기 때문에 해외영업이 적성에 딱 맞았다. 그는 카투사에서 '세단부대'라고 불리는 곳에서 근무했는데, 우리나라 보직으로는 운전병이었다. 평소에 자동차를 좋아했던 한효석 씨에게 이곳은 천국이었다. 부대 내에 위치한 교육장에서 승용차는 물론이고 SUV, 트럭, 버스 등 동료들 표현대로 하면 탱크만 제외하고는 바퀴 네 개 달린 것은 모두 몰아보았다.

입사 후 공교롭게 자동차부품과 관련된 업무를 맡게 되었고, 해외주재원 생활도 했다. 5년간의 해외근무를 마치고 귀국했는데, 그가 담당했던 자동차 관련 사업부문이 다른 회사로 매각되었다. 그리고 그 과정에서 원치 않게 사표를 냈다. 20년을 열심히 일했고 실적도 뛰어났고 동료들과의 관계도 좋았다고 생각했는데, 막상 매각과정에서 보인 회사와 동료의 태도는 너무나 실망스러웠다.

전 회사에 너무 실망해서 회사생활은 하기 싫었고, 능력을 발휘할 수 있는 보험영업을 시작했다. 시작하고 보니 한효석 씨 적성에 딱 맞았다. 그런데 어느 정도 시간이 흐르고 안정이 되면서 보험설계사 일을 되돌아보니 평생 할 수 있는 일은 아닌 것 같았다. 자신이 진정으로 좋아하고 오랫동안 할 수 있는 일들을 생각해보니, 자동차와 관련된 일, 영어를 활용할 수 있는 일이 적합할 것 같았다. 지인들에게 이런 이야기를 하니, 누군가가 "우리나라에 거주하는 외국인이 많으니, 이들을 대상으로 자동차정비와 관련된 일을 해보는 건 어때?"라고 이야기하지 않는가?

이 말을 듣고 "그래, 기술이 최고야!"라는 생각에 자동차정비학원을 알아보았는데, 주변에서 '내일배움카드' 제도를 소개했다. 동료에게 이 이야기를 했더니 자신도 관심이 있어 거주하는 지역 고용센터를 방문했더니 그곳 상담사에게 "선생님은 현재 '보험설계사'라는 직업이 있기 때문에 지원대상이 아닙니다."라는 안내를 받았다며, 지원받기 힘들 것이라고 이야기를 했다.

옆에서 그 이야기를 듣던 다른 동료가 "그것은 일괄적으로 적용되는 것이 아니고 연간소득이 일정 금액 이하이고, 새로운 일을 찾는 것에 대한 의지가 확고하면 가능성이 있어." 하면서 거주지 고용센터를 방문해 자세한 안내를 받으라고 조언하는 것이다.

단번에 고용센터를 방문해서 상담했다. 그리고 작년 국세청에 신고된 한효석 씨의 소득을 확인해보니 '내일배움카드' 지원대상에 적합하다는 답변을 받았다. 이에 관련된 구직계획서를 작성한 후 200만 원까지 교육비를 지원받을 수 있는 내일배움카드를 발급받았다.

한효석 씨는 자동차정비학원에서 교육을 받은 후 '자동차정비기능사' 자격을 취득하였다. 일주일에 두 번씩 18명이 함께 교육을 받았는데 한효석 씨의 나이가 제일 많았다. 아들 나이 또래의 젊은 동료들과 함께 자동차를 엔진, 전기, 섀시 분야로 나누어 이론 및 실습을 하는데 기름때가 묻은 실습복도 익숙하지 않고, 용어도 서툴고 공구가 손에 익지 않아서 처음에는 많이 힘들었다. 하지만 자신이 정말 하고 싶었던 일을 배우니 수업이 정말 즐거웠다. 필기시험에서는 18명 중에 5명만 합격했고, 한효석 씨도 그 5명 중 한 명이었다. 기세를 몰아 실기시험에 도전했는데, 역시 쉽지만은 않았다. 고배를 마신 후 마음을 가다듬고 두 달 후에 다시 시험에 응시하여 당당하게 합격했다. 이때 합격의 영광을 누린 것은 18명의 동료들 중에서 가장 연장자인 한효석 씨뿐이었다.

지금 한효석 씨는 평일에는 보험설계사로 활동하면서 매주 토요일이면 선배가 운영하는 정비공장에서 자동차를 정비하고 있다. 아쉽게도 급여는 없다. 하지만 불만은 없다. 기술을 배울 수 있는 기회이기 때문이다. 앞으로 기술을 좀 더 익히게 되면 근무시간을 이틀로 늘리면서 급여를 받는 투잡으로 발전시키고, 동시에 이태원 등 외국인 거주지역에서 자동차정비업소를 운영하기 위한 기본적인 준비를 할 예정이다.

● **중장년취업아카데미**

중장년취업아카데미는 만40세 이상 중장년 구직자(실업자) 또는 훈련 수료 후 6개월 이내 전직 또는 퇴직(예정)자를 대상으로 한 제도다. 이는 체계적으로 인생 이모작을 준비할 수 있도록 생애재설계 멘토링, 기본역량 강화교육 등을 지원하고, 특히 고학력, 전문분야 직업경험이 있는 중장년의 지식과 경험을 활용할 수 있는 훈련과정을 중점적으로 운영한다.

주요 사업내용으로는 생애재설계 멘토링, 기본역량 강화교육, 기업맞춤형 취업훈련 등을 운영하며, 이러한 훈련에 소요되는 비용을 정부에서 전액 지원한다. 한국산업인력공단(www.hrdkorea.or.kr)에서 주관하며, 2015년에는 약 2,000여 명의 중장년에게 자신의 역량을 개발하고 제2의 인생을 설계함으로써, 사회의 다양한 부문에서 중년층의 새로운 역할모델로 활약할 수 있도록 지원할 예정이다.

2015년 상반기에는 흥미로운 기획과 아이템을 발굴한 에이취알커뮤니케이션즈 등 31개 기관이 운영기관으로 최종 선정되어, 3D 프린팅 컨설턴트 양성과정을 비롯한 45개 과정이 운영되었다. 모집기간은 6월부터 10월 사이였으며, 훈련기간은 6월부터 12월까지로 세부적인 내용은 기관별로 다양하다. 훈련기간은 3개월(350시간) 이상 6개월 이하로 6개월 이상 훈련이 필요한 과정은 심의를 거쳐 훈련기간 연장도 가능하다.

훈련방법은 주문형 또는 채용연계형 과정이 있으며 아래와 같은 절차를 거친다.

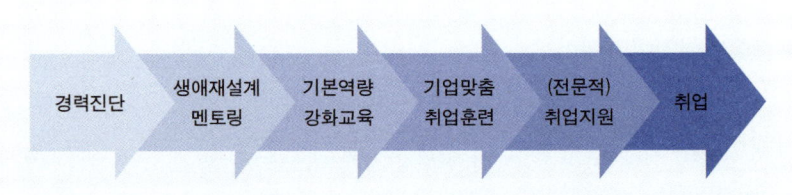

경력진단 → 생애재설계 멘토링 → 기본역량 강화교육 → 기업맞춤 취업훈련 → (전문적) 취업지원 → 취업

지부(사)	운영기관명	과정명
서울 지부	종로여성인력개발센터	전직지원상담을 위한 커리어코치 양성
	(주)한국경제신문	창조경제 진로·취업 플래너 양성과정 1, 3
	아시아경제신문사	자유학기제 직업진로 전문교사 창업과정
	한국생산성본부	빌딩환경 & 안전관리 취업 아카데미
	(주)조선에듀케이션	STEAM교육을 위한 전문강사 양성과정
	(주)에이치알커뮤니케이션즈	중소기업 활성화를 위한 인사담당자 채용 플래너 아카데미
서울 동부	인지어스유한회사	유통·물류 전문가 양성과정
	대신기술능력개발원	세무회계 전문인력 양성과정
	한국경력개발진흥원	진로, 인성강사 과정 1
		커리어 컨설턴트 과정 1, 2
	한국건물위생관리협회	건물 위생관리사 과정 1차, 2차, 3차
	KEPI한국지식경제진흥원	인성 및 취업교육 전문강사 창업과정
	성동여성인력개발센터	정리수납 전문가 양성과정
	(사)한국컨설팅산업협회	인사조직 컨설턴트 양성과정
	은곡직업전문학교	내장목공 친환경 인테리어

서울 남부	한국아파트빌딩회계학원	아파트관리소장 인력 양성과정
	대산인	시설관리자 과정
	국제정보법률교육학원	법률사무소 취업과정
	중앙대학교	재난안전훈련 컨설턴트 양성과정
		3D프린팅 컨설턴트 양성과정
	강시여성인력개발센터	노후설계 컨설턴트(1, 2회차)
		단체급식 조리사 양성과정
		공간정리 컨설턴트
대구지부	(주)동우직업전문학교	공동주택 회계실무(1, 2회차)
경북동부	경주직업전문학교	지게차 운전 실무
	서라벌대학교	애견관리사 창업과정
중부 지부	청운대학교산학협력단	SW 융합전문가
		PMO(Project Management Office)
	(주)미래서비스	경영지원 창의인재 양성
		공항지상조업
경기 지사	평택글로벌기술직업전문학교	양재·수선·리폼 디자인 과정
	(사)경기중소기업연합회	기술경영(R&D) 컨설턴트 양성과정
	(재)한국호텔관광교육재단	신퓨전 외식업 창업준비 과정
	(재)한국호텔관광교육재단	신개념 델리&카페 매니저 양성과정
	한국예술직업전문학교	힐링쉐프를 위한 조리실무 과정
경기북부	명화직업전문학교	화장품 상담 코디네이터
광주지부	(주)한국경영원	건설업 관리사무원 양성과정
충남지사	나사렛대학교산학협력단	그린코디 전문가 양성과정

● **50대 아빠의 재취업 10계명**

① **마우스품을 팔아라.** 과거에는 발품을 팔았지만, 지금은 마우스품을 팔아야 한다. 경력자채용은 소규모 수시채용으로 진행되는 경우가 많다. 특히 인터넷을 통한 채용이 일반화되고 있으므로 인터넷에 친숙해질 필요가 있다. 내게 필요한 정보는 인터넷에 다 있다.

② **어깨의 힘을 빼라.** 왕년의 나는 없다. 과거의 화려했던 경력을 잊어야 한다. '내가 어디의 책임자였는데……', '대기업의 임원이었는데……'라는 생각을 버려야 한다. 체면이나 보수보다는 실용적인 접근이 필요하다. 눈높

이를 낮추고 현재의 나를 받아들이자.

③ **이력서는 항상 새롭게 업그레이드 하라.** 문방구 이력서는 잊어라. 주변을 살펴보면 멋진 이력서를 작성할 수 있도록 도와주는 곳이 많다. 없는 이력을 만들 수는 없다. 하지만 지원하는 회사의 요구에 맞춰서 보완할 수는 있다. 표준 이력서를 작성해서 USB에 저장해서 가지고 다니자.

④ **열정적인 나를 보여라.** 열정은 건강한 몸에서 나온다. 운동을 게을리하지 말자. 기업주는 나의 건강부터 평가한다. 전문적인 지식이나 기술이 부족한 일반관리직 출신들의 경우 취업할 수 있는 분야도 한정되기 때문에 체력이 떨어진다면 일자리 구하기는 더욱 힘들어진다. 평소 체력관리를 꾸준히 하며 건강을 유지해야 한다.

⑤ **네트워크를 적극 활용하라.** 중장년층이 청년층에 비해 가진 강점은 단연 인적 네트워크다. 재취업에서도 인맥을 적극 활용해야 한다. 주변에 자신이 직장을 구한다는 사실을 많이 알리고 도움을 구하는 자세가 필요하다. 인맥을 잘 활용하면 앞선 정보를 확보할 수 있을 뿐 아니라 채용을 결정하는 사람과 사전에 접촉해 취업 가능성을 더욱 높일 수 있다.

⑥ **배우고 또 배우자.** 정부관련 기관은 물론 각 대학의 평생교육원, 직업전문학교에서 다양한 재취업 교육을 실시하고 있다. 무료로 시행되는 많은 교육들이 있다. 이것은 그동안 내가 정부에 낸 세금으로 운영되는, 내가 찾아야 할 권리이다. 트렌드를 살펴보고 관련된 교육을 받는다. 재취업을 위해 교육을 받는 사람도 적지 않다. 전문적인 교육으로 자신이 가진 경력의 가치를 높이기 위한 것이다. 젊은 인력의 수요가 많은 분야는 피하는 것이 애써 배운 지식을 사장시키지 않는 길이다.

⑦ **구체적인 취업 전략을 세우자.** 현재 나의 잡(Job)은 '구직'이다. 내 일에 충실하자. 막연하게 헤매지 말고 구체적인 계획을 세워서 꼭 달성하자.

⑧ **서두르지 말자.** 장고(長考) 끝에는 악수(惡手) 없다. 서두르면 잘못된 의사결정을 하게 된다. 여유를 갖고 구직활동에 임하자.

⑨ **자기관리를 철저히 하자.** 실직기간이 길어지면 생활리듬이 깨질 수 있다. 건강을 해치면 적극적인 구직활동이 힘들어지고 심리적으로도 악영향을 미치게 된다. 자신의 경력사항과 강점, 지인 연락처 등을 정리하고 취업 일기를 작성하는 것이 좋다.

⑩ **심리적 안정을 유지하라.** 재취업에 도전하다가 실패하는 횟수가 늘어나면 자신감을 잃고 취업에 대한 의욕마저 상실하기도 한다. 심리적인 안정감이 있어야 합리적인 판단과 체계적인 준비가 가능하다. 거기에 자신감과 열정을 더해야 한다.

● **중소기업 이해하기**

50대에 재취업에 성공한 사람을 살펴보면 입사한 기업의 대부분이 퇴직 전에 근무하던 기업에 비해 규모가 작은 곳이었다. 즉, 중견기업이거나 중소기업일 가능성이 크다는 이야기다. 여기서 중요한 것은 이력서 쓰는 50대 아빠에게 중소기업에 대한 이해가 필요하다는 사실이다.

2000년 초반부터 재직자에 대한 체계적인 전직지원프로그램을 운용한 국내 기업의 경우 서비스를 신청한 많은 직원이 전직에 성공했다. 그러나 재취업에 성공한 직원의 정착률을 조사했더니, 1년 만에 50%가 넘는 인력이 새로운 회사에 적응하지 못하고 퇴사했다는 충격적인 자료가 있었다. 그 이유를 살펴보니 급여에 대한 불만보다는 조직에 대한 불만이 많은 것으로 나타났다.

규모가 크건 작건 창업을 하고 일정 규모 이상으로 기업을 성장시킨 창업주는 다른 사람과는 많이 다르다. 창업주는 자신이 생각하는 비전과 꿈을 믿고, 가지고 있는 모든 자산을 투자해서 많은 위험을 극복하고 현재의 기업을 이룬 사람이다.

창업 초기에는 매출도 없는데 기술개발을 위해서 한없이 투자만 하는 시기도 있다. 회사에 매출이 없으니 금융권으로부터 자금조달도 힘들다. 결국 창업주 개인 자산과 지인의 도움으로 힘들게 회사를 운영할 수밖에 없다. 기술개발에 성공하더라도 상품화되기까지는 시간이 걸린다. 그 후에도 실적이 없으면 제대로 된 상품설명의 기회를 갖기도 힘들다. 어렵게 납품을 하는 과정에서도 요구하는 서류와 보증들은 왜 그렇게 많은지…….

회사규모가 작으니 직원채용도 힘들고 운 좋게 능력 있는 직원을 채용하여 창업주가 그동안 고생하며 습득한 기술을 전수하니, 규모가 큰 다른 회사로 옮기던가 아니면 직접 회사를 설립하여 경쟁업체로 나타나는 경우도 있었다.

그뿐이 아니고 주변의 상황도 너무 힘들다. 믿고 납품했던 업체가 고의로 부도를 내는 경우가 있는가 하면, 1997년 IMF 외환위기를 겪기도 했으며, 간신히 어려움을 수습하고 도약하려 하니 2008년 금융위기가 찾아왔다. 이처럼 중소기업 오너는 어려움이 있을 때마다 좌절하지 않고 냉철함과 열정으로 극복한 오뚜기 같은 의지를 지닌 사람이다.

대기업에서 근무하다 중소기업에 입사한 50대 아빠는 많은 혼란을 겪는다. 무엇보다도 업무수행과 관련된 시스템이 전혀 갖춰져 있지 않고, 주먹

구구식으로 모든 일이 움직인다는 사실이다. 총무부서에는 규정집조차 없고, 회사의 중요한 정책이 오너와 친동생인 재무부장이 함께 저녁을 먹으면서 농담처럼 한 이야기를 토대로 결정된다. 그 결정사항은 재무부장을 통해서 직원에게 그대로 통보되고, 해당 부서 직원은 그 결정에 따라 며칠 밤을 새워가면서 프로젝트를 준비한다. 겨우겨우 최종 보고를 하니 오너는 "누가 그런 결정을 했냐?"며 버럭 화를 내는 것이다.

또한 오너는 최고급 수입차를 타고 호화로운 생활을 하는데, 직원 야근식대조차 제대로 지급하지 않고 있었다. 직원 수도 많지 않은 작은 조직인데 직원들은 '누구라인', '누구라인'하면서 서로를 배척하고 화합하지 못하는 모습을 보이는데, 심지어 오너가 은근히 이런 분위기를 조장하는 느낌이 들었다. 결국 50대 아빠는 공식 회의석상에서 오너의 생각에 반하는 의견을 제시하는 직원을 옹호하다가 괘씸죄에 걸려 입사 6개월 만에 다시 사표를 쓰게 되었다.

일반적으로 중소기업에 입사하면 처음 몇 개월 동안은 오너에게 충성하는 모습을 보여야 한다. 오너 입장에서도 관리자급인 50대 아빠를 채용할 때에는 일반 직원들보다는 오랜 기간 심사숙고하게 되고, 또 그만큼 기대하는 바도 크다. 단순한 관리자의 모습보다는 회사와 관련된 정보를 수집하고, 또한 조직 내의 사정도 정확하게 파악하고 있어야 오너와의 소통이 원활하다.

이러한 어려움은 있지만 대기업에 비해서 중소기업은 업무의 강도가 약하고 상대적으로 스트레스도 덜 받는다. 또 승진에 대한 부담이 상대적으로 적고 성과에 대한 압박이 적기 때문에 직원 사이의 상호관계가 순수한

면도 있다. 개인에 따라서는 가지고 있는 능력을 최대한 발휘할 수 있으며, 오너와의 관계에 따라서는 정년이 지나서도 근무할 수 있는 기회가 주어지는 장점이 있다.

2015년 3월 전국경제인연합회 중소기업협력센터가 취업포털 파인드잡과 공동으로 10인 이상 중소중견기업 389개사를 대상으로 조사해 발표한 '2015년 중소중견기업의 중장년 채용계획 및 채용인식 실태조사' 결과는, 이력서를 쓰는 50대 아빠가 중소기업 또는 중견기업에서 어떻게 적응해야 하는지에 대해서 중요한 시사점을 제공한다.

최근 3년간(2012~2014년) 중소, 중견기업 10곳 중 8곳은(83.5%) 중장년 채용경험이 있는 것으로 나타났다. 우리의 생각보다 많은 중소, 중견기업에서 50대 아빠를 채용하고 있다.

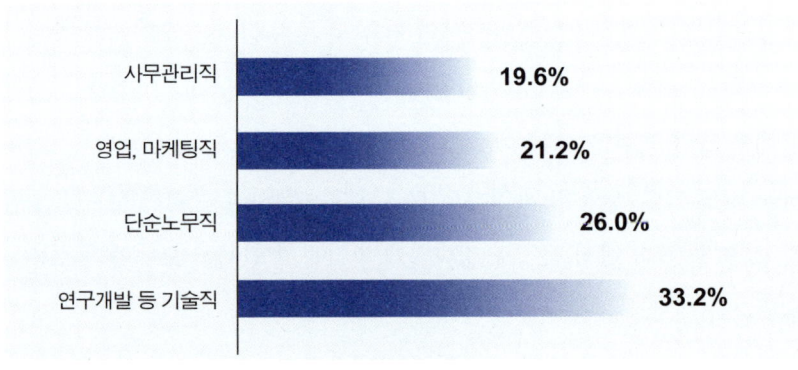

[중장년 채용분야]

채용한 직무분야는 연구개발, 생산품질 등 '기술직(33.2%)'이 가장 많았다. 이어 '단순노무직(26.0%)', '영업마케팅직(21.2%)', '사무관리직(19.6%)' 순이었다. 기술직 채용이 많은 이유는 기업의 생존과 직결되는 신제품 개발과 품질관리에 필요하기 때문이다. 기술직은 나이보다 능력이 중요시되는 분야고 이런 면에서 오랜 경험과 노하우를 가진 50대 아빠의 능력이 인정받은 것으로 보인다.

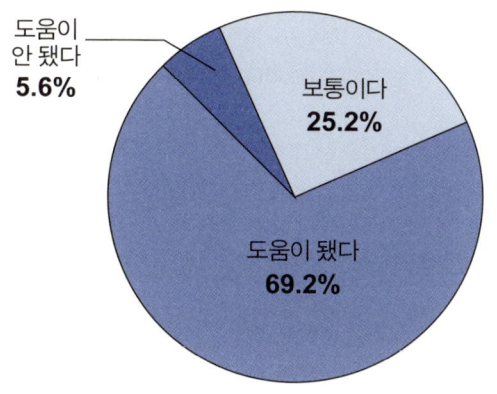

[채용한 중장년이 경영성과에 도움이 되었는가]

또한 50대 아빠를 채용한 기업의 만족도는 상당히 높은 수준인 것으로 나타났다. 69.2%가 이들이 경영성과에 도움이 됐다고 답했다. '보통이다'가 25.2%, '도움이 안 됐다'는 응답은 5.6%로 매우 낮게 나타났다.

중장년 인재가 기여한 분야를 살펴보니 역시 경험과 관련된 항목이 가장 중요한 것으로 평가되었다. '경험과 노하우 전수(30.3%)', '업무시스템 및 조

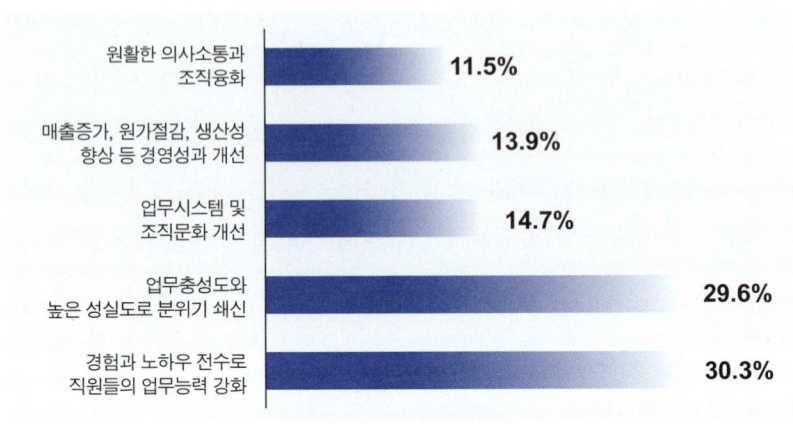

[중장년 인재가 기여한 분야]

직문화 개선(14.7%)', '매출증가, 원가절감, 생산성 향상 등 경영성과개선(13.9%)' 등으로 전체 항목 중 58.9%를 차지하고 있다. 다음으로 중요한 것은 '충성심과 성실도'가 29.6%를 차지하고 있는데, 바로 이런 부분이 중소기업에서 50대 아빠에게 기대하는 인재상이라고 할 수 있겠다.

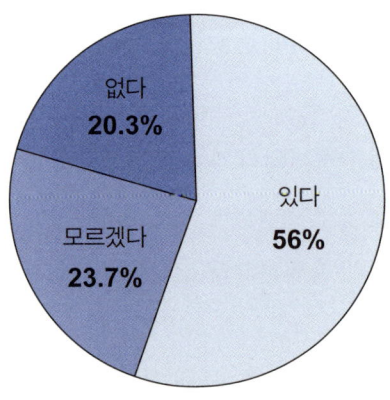

[2015년 중장년 채용계획]

기업의 2015년 중장년 채용계획을 확인하니 56%는 채용계획이 있고, 23.7%는 아직 계획이 확정되지 않아서 모르겠고, 20.3%의 기업은 채용계획이 없다고 대답했다. 중장년 채용계획이 없다고 답한 기업(79개 기업)에 그 이유를 물어본 결과 '중장년 직급에 맞는 일자리가 없다(33.3%)'는 의견이 1위를 차지했다.

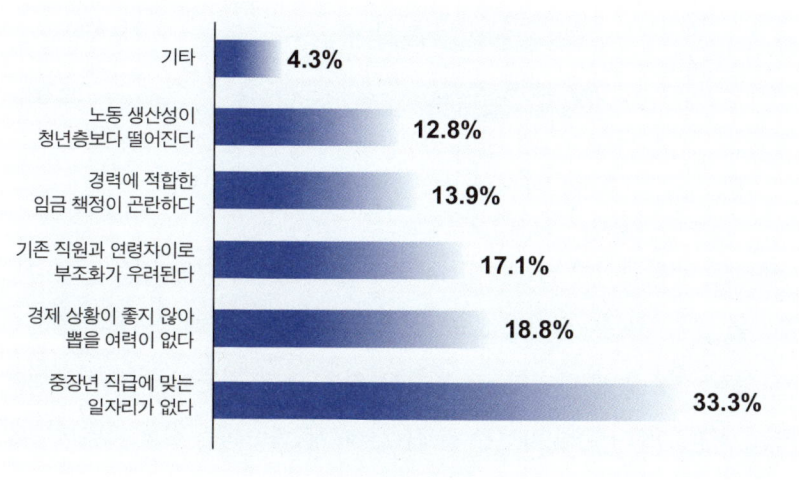

[채용계획이 없는 이유]

중소, 중견기업에서 중장년을 채용하지 않는 이유는 '중장년 직급에 맞는 일자리가 없다(33.3%)', '경력에 적합한 임금 책정이 곤란하다(13.9%)' 등 절반에 가까운 기업이(47.2%) 중장년 구직자의 몸집이 너무 크다고 생각하고 있는 것으로 나타났다. 또한 '기존 직원과 연령차이로 부조화가 우려된다'는 응답도 17.1%가 나왔다는 것을 50대 구직자는 염두에 두어야 할 것이다.

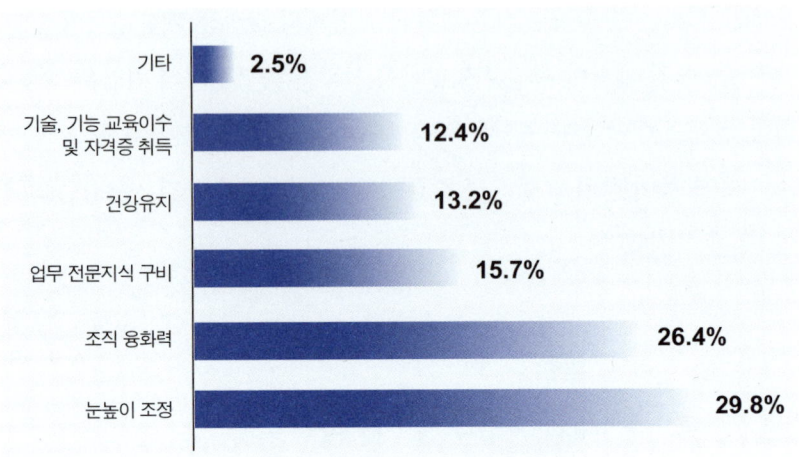

[중장년 채용에 긍정적인 영향으로 작용하는 요인들]

중장년 채용계획이 없는 기업에 '중장년 구직자가 어떤 점을 보완하면 채용을 긍정적으로 생각하겠습니까?'라고 질문했을 때 '눈높이 조정'이 29.8%로 가장 높게 나왔다. 또 중요한 것은 '업무 전문지식 구비(15.7%)', '기술, 기능교육이수 및 자격증 취득(12.4%)' 등 개인의 능력과 관련된 부분이 28.1%로 나타났다. 역시 '조직 융화력'에 대한 항목이 26.4%로, 기업에서 50대 아빠 채용 시 걱정하는 부분이 반영된 결과였다.

내 주변의
후원자를 찾아라

분리의 여섯 단계 이론(six degrees of separation)이 있다. 이는 적어도 한 나라 안에서 모든 사람은 여섯 단계를 거치면 서로 아는 사이라는 이론으로 미국 예일대학교의 사회학교수 스탠리 밀그램(Stanley Milgram, 1933~1984)이 실험을 통해 완성시켰다.

바꿔 말하면 주변에 여섯 단계만 거치면 나를 필요로 하는 회사와 연결될 수 있다는 이야기이며, 이는 내 주변에 있는 사람으로부터 시작된다. 이를 인적 네트워킹이라고 한다. 그러기 위해서는 먼저 내 주변에서 나를 후원해 줄 수 있는 사람을 찾는 것이 중요하다. 인적 네트워킹의 방법을 살펴보자.

휴대전화를 들고 연락처를 살펴보자. 보통 몇 백 명의 전화번호가 등록되어 있을 것이다. 그 연락처를 다음과 같은 네트워킹 활동 양식표로 만든다.

구분	이름	전화번호	관계	활동내역			비고
				1차	2차	3차	
A	윤성실	010-xxx-0000	전직선배				
B	김용근	010-XXX-XXX	대학선배				

표에 이름과 전화번호, 관계를 기입하고 A, B, C로 구분한다.

A등급 : 내가 희망하는 직무와 연관된 사람, 나의 성공을 후원하는 사람

- 거래처 사람, 업계 관계자

- 직장 동료, 선후배

- 직무 수행 관련 교육기관 사람들

- 친한 친구, 자주 만나는 선후배, 같은 종교

B등급 : 어렸을 때 친구, 지인, 중고교 동창, 친인척

- 초, 중, 고 대학 동창

- 친구

- 친인척

- 동호회 회원, 스포츠센터 회원

C등급 : 그 외의 사람들

이런 방법으로 후원자 리스트를 정리하면 핸드폰에 있는 대부분의 사람이 네트워킹 활동 양식표에 반영될 것이다. 항상 가지고 다니면서 만난 이력을 정리하다 보면 어느 정도 시간이 지났을 때, 구직활동에 도움을 줄 사람보다 영향력은 적지만 편한 사람만 만나고 있다는 것을 깨달을 것이다. 물론 원활한 인간관계를 유지하는 것은 좋지만, 구직에 성공할 때까지는 전략적인 접근도 필요하다.

 이렇게 선정된 대상을 정확하게 공략한다면, 구직활동을 하는데 엄청난 도움을 받을 수 있다. 물론 당장 일자리에 대한 정보를 주는 경우는 드물지만, 항상 마음속에 '나'를 생각하고 있기 때문에 나란 구직자가 있다는 것을 주변에 적극적으로 알리기도 하고, 또 주변에서 적합한 일자리에 대한 정보를 얻었을 때는 우선적으로 나에게 정보를 제공해준다.

개울을 건너기 위해서는
징검다리도 필요하다

조영권 씨(55세)는 대학 졸업 후 지방에 소재한 중견 자동차 에어컨생산업체에서 회사생활을 시작했다. 처음에는 개발과 관련된 업무를 하다가 그후 다양한 부서에서 경력을 쌓았다. 다행히 IMF 고비를 넘겼는가 했는데 회사 경영악화로 결국 2002년에 구매부서 과장으로 발령이 나서 근무하다가 원치 않게 퇴사했다. 퇴사 후, 조영권 씨 역시 다른 사람처럼 많은 방황을 했다.

그러다가 주변의 권유로 공인중개사 시험을 준비했다. 현직에 있을 때도 그랬지만 한번 시작한 것을 완벽하게 처리하는 성격답게 공인중개사 수험 준비도 미련스러울 만큼 철저하게 준비했다. 2004년 공인중개사시험에 응시했는데, 이때 시험의 난이도가 높아서 전체 응시자의 0.8%만이 합격했다. 조영권 씨는 당당하게 0.8% 안에 들었다. 주변에서는 어려운 시험에 합격했다고 진심으로 축하해주었고, 자신 스스로도 누구보다 자랑스러웠다.

조영권 씨는 실무경험이 없으니 경험을 쌓기 위해 토지거래를 전문적으로 취급하는 공인중개업소에서, 월급은 받지 않고 거래를 성사시켰을 때 나오는 수수료를 나누는 성공보수의 형태로 공인중개사 업무를 시작했다. 처음에는 의욕적이었으나 너무 꼼꼼한 성격이 문제였다. 이러한 꼼꼼함은 구매와 관련된 업무를 수행하는 데는 도움이 되었지만, 토지 지주와 구매자 사이에서 중개하는 업무에는 오히려 마이너스로 작용했다. 결국 시작한지 1년 만에 부동산중개와 관련된 업무를 그만두었다. 다행스럽게도 투자금이 없었으니 눈에 보이는 금전상의 손해는 없었지만, 공인중개사 시험을 준비하는 데 소요된 시간과 비용, 그리고 다른 일을 했을 경우 예상되는 기회비용을 생각해보면 마음이 많이 불편했고, 또 경제적으로도 부담이 되기 시작했다.

그때 유통업계에 종사하고 있던 처남이 편의점을 소개했다. 회사에서 보유하고 있던 몫이 좋은 편의점의 운영자를 찾고 있는데, 초도 투자비용의 부담이 적고 매출도 해당 사업장에서 상위를 차지하는 아주 좋은 곳이라는 것이다. 단지 거리가 멀어 출퇴근은 힘들고 만일 운영하려면 가족이 그곳으로 이사를 하든지 아니면 혼자 지내면서 운영해야 한다고 했다. 새로운 일을 시작하면서 덜컥 온 가족이 이사하는 것은 위험부담이 너무 크게 느껴져서 일단 혼자 원룸에서 생활하면서 운영되는 것을 보고 가족의 이사 여부를 결정하기로 했다.

매장 가까운 곳에 원룸을 계약하고 편의점을 청소하고 부서진 곳은 수리하고, 새롭게 상품을 진열하고 의욕 넘치게 편의점 운영을 시작했다. 헌데, 막상 운영해보니 편의점이 24시간 운영되기 때문에 혼자서는 운영이 불가능했다. 시급 아르바이트생을 고용해야 하는데 이 아르바이트생 관리가 또

만만치 않았다. 수시로 그만두고, 출근시간 어기고, 상품을 잘못 주문하고. 또 유효기간이 지나서 폐기처분하는 신선식품들은 왜 그렇게 많은지…….

소개했던 처남 이야기대로 매출은 해당 지역에서 2위를 차지했는데, 수익에서 아르바이트생 인건비 제하고, 원룸비용 제하고 일주일에 한 번 집에 다녀오는 기름값, 고속도로 통행료를 제하고 나니 월수입이 100만 원을 간신히 넘는 것이 아닌가? 조영권 씨 생각에는 식비라도 줄이기 위해서 하루 3끼 중 2끼를 유통기간 지난 폐기해야 할 식품으로 해결했다. 무엇보다 견디기 힘든 것은 가족과 떨어져 생활하는 것이었다. 결혼 이후 한 번도 가족과 떨어져 생활한 적이 없었던 조영권 씨가 원룸에서 혼자 생활하는 것은 정말 고역이었다. 왜 그렇게 아이들 생각이 나는지. 이건 아니다 싶어 계약이 만료된 시점에 재계약을 하지 않고 가족과 함께 지내는 것을 선택했다.

집으로 돌아온 후 우연한 기회에 전 회사에서 함께 지내던 상무와 저녁식사를 하게 되었다. 그는 퇴직 후 지낸 이야기를 들더니, 현재 자신이 재직하는 회사의 하청업체에서 조영권 씨와 같은 경력자를 필요로 하는데, 문제는 보수가 너무 적고 회사 규모도 너무 작은 곳이라며 조심스럽게 소개했다.

오히려 소개를 받은 조영권 씨가 더 당황했다. "아니 제가 업계를 떠난 지 7년이 되었는데 그게 가능하겠습니까?" 결국 조영권 씨는 아주 적은 연봉에 규모도 작은 중소기업에서 7년 전에 하던 업무를 다시 시작했다. 처음에는 익숙하지 않아 작은 실수도 있었지만 그것도 잠시뿐이고 금세 젊어서부터 해왔던 일에 익숙해졌고, 좁은 업계에서 명성을 날리기 시작했다. 입사 후 8개월이 지난 시점에 지방에 있는 좀 더 규모가 큰 업체에서 입사제의가 들어왔다. 가족과 떨어지는 것은 부담이었지만 단절되었던 경력을 보완하는데 도움이 될 수 있어 지방 업체로 이직했고 그곳에서 성공적으로 회사생활을 이어갔다. 지금은 가족 전체가 회사 근처로 이사해 함께 생활하고 있다.

첫술에 배부를 순 없다. 조영권 씨의 경우처럼 일정기간 경력이 단절되었을 때 이 경력을 연결하기 위해서는 잠깐 거쳐가는 징검다리 역할을 하는 곳이 필요할 때가 있다.

목마른 사람이
우물 판다

정보 3.0이라고 들어보았는가? '정보 3.0'이란, 정부기관 등이 보유하고 있는 공공정보를 누구나 손쉽게 활용할 수 있도록 개방하고 공유하는 것을 말한다. 즉, 인터넷에 검색만 제대로 하면 생활에 필요한 정보는 전부 얻을 수 있다는 이야기다. 실제로 이런 정보들이 실생활에 많은 도움이 되고 있다.

요즘 어느 정도 규모의 기업은 대부분이 웹사이트를 운영하고 있고, 이 웹사이트를 통해서 필요한 정보를 얻을 수 있다. 재취업과 관련된 활동 중 가장 효율적인 활동은 직접 네트워킹이라고 할 수 있는데, 이것이 바로 웹사이트를 이용한 구직활동이다.

먼저 목표로 하는 기업의 목록을 정리한다. 웹사이트 주소를 확인하고 해당 기업 사이트를 방문하여 기본 정보를 확인한다. 기업 웹사이트의 채용정보에서 채용정보, 채용시기 등을 확인했다면 신규사업 또는 비전 부분이 자신의 경력과 부합되는지 파악한다. 기업 웹사이트에는 채용을 담당하는 직원의 이메일 주소가 나와 있으니 그리로 지원서를 보내면 된다. 혹시 웹사이트에 담당자 이메일 주소가 없다면 유선으로 인사부에 정중하게 요청하라. 휴대전화 번호까지는 몰라도 회사의 공식적인 이메일은 공개한다.

다음으로 자기소개서를 준비하라. 한 가지 명심할 것은 '저는 1960년에 엄하신 아버지와 현모양처인 어머니 슬하에서~'로 기술되는 구태의연한 자기소개서는 금물이라는 것이다. 나를 소개하는 멋지고 화려한 브로슈어나 팸플릿을 준비하라. 만일 제작할 능력이 안 되면 비용을 지불해서 전문가의 도움을 받아라. 단언컨대 네트워킹 활동을 하면서 비용을 지불하는 것은 이 단계가 유일하다.

자기소개서가 준비되었다면 이제 담당자에게 최초로 이메일을 발송한다. 이러한 메일은 담당자 입장에서는 스팸메일이기 때문에 어느 정도 격식이 필요하다.

1차 메일을 발송하고 3주 정도 지난 후 답이 없다면 2차 메일을 발송한다. 중요한 점은 한 번에 성사되는 경우가 없다는 것을 명심하는 일이다. 아마도 100여 통의 메일을 발송하면 2~3건의 답장이 올 것이다. 이 과정에서는 시간이 소요될 뿐이지 큰 비용이 드는 것은 아니다.

최초 담당자가 연결되었다면 전화나 메일을 통해서 다음 단계에 대한 안내를 하던가, 아니면 실제 채용을 결정하는 담당 부서장 또는 임원을 연결해줄 것이다.

다음 단계는 상대 회사를 방문해서 보완된 서류를 제출하거나 면접 또는 채용정책에 대한 안내를 받는 것이다. 그 후로는 일반적인 채용절차를 밟는다.

직접 네트워킹의 장점은 채용담당자에게 상당히 긍정적인 인상을 준다는 점이다. 생각해보라. 젊은이나 시도할 것 같은 적극적인 구직활동을 실행하고 있는 50대 넘은 아빠가 얼마나 되겠는가. 이런 구직자에 대해서는 조직 친화력에 대한 걱정은 하지 않을 것이다.

또한 상대적으로 비용이 적게 든다. 웹사이트를 방문하고, 이메일을 작성해 발송하고, 답장을 받으면 움직이면 된다. 단점으로는 확률이 낮다는 점이다. 이 활동이 보상받기 위해서는 많은 구직 희망업체와 접촉해야 한다.

구직활동을 하다보면 마지막 면접까지 가는 경우가 있다. 합격하면 다행이지만 확률적으로 5번 기회가 주어지면 1번 합격한다고 보면 된다. 왜냐하면 최종면접에서 적어도 3명에서 5명 정도의 후보자를 보고 결정하기 때문이다.

여기서 중요한 점이 최종면접에서 탈락했을 때, 그 후에 어떻게 하느냐는 것이다. 면접에서 탈락했을지라도 구직과정에서 접촉한 채용담당자가 있을 것이다. 그들과 접촉하라. 문자든 메일이든 아니면 직접 통화를 하든. 이런 내용이면 된다.

'오늘 귀사로부터 탈락되었다는 안내를 받았습니다. 최종면접까지 가는 동안 세세한 부분에 신경을 써주셔서 감사했습니다. 또한 그 과정에서 제가 모르던 여러 가지를 배워, 제게는 아주 의미 있는 과정이었습니다. 이러한 기회를 주셔서 감사드리며 다음에 기회가 된다면 더욱 멋진 모습으로 만나 뵙겠습니다.'

기업이 영속하면 계속해서 사람이 필요하고 내가 접촉했던 기업에서도 시간이 지나면 또다시 채용을 하게 되는데, 채용담당자의 입장에서 다음에 인원충원이 있을 때에는 아마도 나에게 연락할 것이다. 그리고 이때는 처음보다는 훨씬 유리한 입장에서 채용절차가 진행될 수 있을 것이다.

● 정중한 메일 예시

안녕하십니까?
ㅇㅇㅇ분야의 경력을 가지고 있는 구직자 박영재입니다.
→ 용건과 희망하는 분야를 명확하게 요약

먼저 허락 없이 메일을 보내서 죄송합니다.
선생님의 메일 주소는 귀사의 웹사이트를 통해서 확인했습니다.
→ 꼭 필요한 문구로 출처 확인이 없으면 채용담당자의 기분이 나쁠 수 있다

저는 ㅇㅇㅇ분야에서 ㅇㅇㅇ동안 xxx업무에 종사했고 이러한 제가 가지고 있는 경험을 귀사에서 함께 공유할 기회를 찾고자 연락드렸습니다.

저에 대한 자세한 소개는 첨부된 자료로 보내드렸으니 검토해주시고 혹시 함께할 수 있는 기회가 되면 연락 부탁드립니다.
제 연락처는 010-xxx-xxxx입니다.
→ 제한된 메일에서 긴 설명을 하기보다는 준비된 자기소개서를 자세하게 검토하도록 유도한다

감사합니다.
박영재 배상(Mobile: 010-xxx-xxxx)

chapter 04

정글 개간하기

퇴직한 50대 아빠는 재취업에 비해 상대적으로 수월한 것처럼 보이는 창업이나 귀농·귀촌으로 눈을 돌린다. 하지만 창업이나 귀농·귀촌은 삶의 양식이 완전히 달라지는 큰 일이기 때문에 충동적으로 결정해서는 안 된다. 1~2년의 시간을 두고 차분히 준비하자!

위험한 도전, 창업

옆의 글은 자영업과 관련된 모 일간지 기사 내용이다. 이 기사에서는 음식업, 숙박업에 종사하는 대한민국 자영업자 수가 720만 명이며, 그중 57.6%인 414만 명 자영업자의 한 달 소득이 월 100만 원 이하라고 보도했다. 이 수치를 좀 더 자세히 살펴보면 26.8%는 적자 또는 무수입, 30.8%는 수입이 100만 원 이하라고 한다. 일반적으로 자영업은 초기 자본이 적어도 몇 천만 원에서 몇 억 원까지 들고, 부부가 하루 중 14시간 이상을 창업한 업소에서 일한다. 하지만 창업 후 3년을 버틴 자영업자의 수는 46.4%에 그쳤다. 전체 자영업자의 절반 이상이 3년 안에 망한다는 이야기다.

이 기사에서 유심히 봐야할 것은 전체 자영업자 중 50대가 차지하는 비율이다. 2007년에는 25%였던 50대 자영업자의 비율이 4년 후인 2011년에는

> 본지가 현대경제연구원과 공동으로 통계청 자료 등을 토대로 자영업 실태를 조사한 결과 창업한 뒤 3년을 버틴 자영업자는 46.4%에 그쳤다. 중소기업청 실태 조사에 따르면 지난해 자영업자들이 집으로 가져다주는 순소득은 월평균 149만2000원에 불과했다. 아무 일도 하지 않고 최저생계비를 지원받는 기초생활수급자(4인 가족 기준)와 거의 비슷한 수준이다. 자영업자의 57.6%는 한 달 소득이 100만원 이하다. 이를 확대해 OECD(경제협력개발기구)기준 전체 자영업자 수에 대입하면, 약 414만 명의 자영업자가 한 달에 100만원도 못 번다는 얘기다.
>
> - 조선일보 2012년 7월 11일

30%로 5%포인트 증가했다. 왜 이런 결과가 나타났는지를 확인해보니, 바로 베이비붐 세대의 퇴직이 원인이었다. 통계청은 대한민국 직장인의 평균 퇴직연령이 53세라고 발표했는데, 2008년이 베이비붐 세대 맏형격인 1955년생의 퇴직이 시작된 시점이었다. 그 후 56년생, 57년생, 58년생이 차례로 퇴직했던 것이다.

  퇴직한 50대는 재취업이 생각만큼 쉽지 않고 상대적으로 창업은 수월한 것처럼 보이니, 자연스럽게 창업 쪽으로 눈을 돌렸다. 또 주변에서 누구는 창업해서 대박 났다는 소리가 들리고, 옆에서 보니 크게 어려운 것 같지는 않고……. 이런저런 이유로 큰 준비 없이 창업을 선택하는 사람이 많았다. 문제는 재취업과는 다르게 창업에는 많건 적건 간에 창업자금이 필요하고, 50대의 창업자금이란 퇴직금이거나 향후 은퇴를 대비해서 준비한 자금이다. 퇴직금이나 은퇴자금의 의미가 무엇인가? 이 자금은 퇴직 후 제한된 연금 등의 수입으로 살아야 하는 30년, 40년의 세월을 지탱해줄 버팀목이 아닌가?

이런 퇴직금을 투자해 시작한 자영업에서 성공하면 다행이지만 불행스럽게 3년 안에 망하는 53.6%에 속하게 된다면, 투자한 퇴직금을 모두 날리고 도시 빈민으로 전락하게 되는 것이다.

부끄러운 이야기지만 필자도 IMF 금융위기 당시 30대 중반의 나이에 다니던 회사에서 해고당한 경험이 있다. 큰아이가 유치원생, 작은아이가 4살이었다. 당시 사회 분위기로는 일방적인 해고통보가 그리 드문 것이 아니었다. 해고당한 것도 막막한데, 필자가 일하던 업종에서 다른 회사로의 재취업도 쉽지 않았다. 심각하게 해외에서 일하는 것을 고려하던 중 PC와 관련된 일에 종사하던 친구가 PC방이라는 업종을 소개했다. 지금은 PC방이 일반화되었지만, 1999년도에는 잘 알려지지 않은 새로운 사업이었다.

나름대로 시장조사를 해보니 서울에 한 100여 군데가 있는 것 같았다. 그때 자영업을 하기 위해서 다양한 분야에서 시장조사를 했는데, 음식점을 알아보니 1층 목 좋은 곳은 당시에도 몇 천만 원의 권리금을 요구했다. 그런데 PC방은 2층, 3층에서 해도 되니 권리금 부담이 없고, 24시간 운영할 수 있으니 효율은 최고였다. 당시로는 흔치 않은 인터넷을 기반으로 하는 사업이니 이미지도 괜찮은 것 같고, 또 PC방 이용료 이외에 컵라면이나 간식 등 부가적인 수입도 기대할 수 있었다. 이렇게 해서 초기 투자비용을 계산해보니 1억 원 정도면 가능할 것 같아, 당시 모아둔 자금과 일부 대출을 받아서 PC방 창업을 결정했다.

먼저 시장조사를 통해 청년층이 많은 20여 곳의 후보지를 골랐다. 그다음 그 20곳에 대한 시장조사를 진행했다. 좁은 곳은 이틀, 넓은 곳은 닷새까지 밤새 다니면서 유동인구 등을 점검했다. 최종 후보지로 결정한 곳이 한남대교 북단, 순천향병원 맞은편에 위치한 건물 3층에 있는 사무실 자리였다.

사무실을 계약하고 기본적인 PC방 인테리어 공사를 진행했다. PC 30대를 사고 그에 맞춰 PC용 책상과 의자를 구입했다. 만만치 않은 가격의 간판까지 설치하니 자금이 꽤 들었다. 준비를 어느 정도 마치고 나서 가장 기본이 되는 인터넷 전용선을 설치하기 위해서 용산전화국을 방문했다. 지금과 다르게 당시에는 전화국에서만 인터넷서비스를 제공할 때였다. 담당자에게 인터넷 전용선을 신청한다고 말하고 신청서에 지번을 적었더니, 세상에! 그 지역은 추가적인 인터넷망 개설이 힘들다는 것이다. "아니, 서울 시내에서 인터넷서비스가 안 되는 곳이 어디 있느냐!"며 항의했더니 전화국에서 하는 설명이, 용산전화국과 한남동 사이에 미8군 영내가 있어서 인터넷 라인 설비공사를 못했다는 것이다. 어렵게 개설된 인터넷 라인은 다른 곳에서 사용하고 있고, 추가적인 라인 개설이 현실적으로 힘들다는 이야기였다. 순간 눈앞이 깜깜해졌다. 구입한 PC를 환불할 수도 없고, 두 달간 시장조사하면서 인터넷 전용선이 문제가 되리라는 것은 상상도 못했다.

고민 끝에 결론을 내렸다. 인터넷 문제는 전화국에서만 해결 가능하리라는 생각에 두 달간 매일 용산전화국으로 출근하다시피 했다. 지금도 당시 용산전화국 직원에게 미안한 생각이 들기도 한다. 사흘이 지나니 나를 모르는 사람이 없었고, 일주일이 지나니 내가 사무실에 들어가면 다들 자리를 떴다. 목소리도 큰 사람이 빨리 인터넷 전용선을 설치해달라며 떠들었으니, 참으로 많은 민폐를 끼쳤었다. 하지만 그만큼 절실했던 때였다. 이렇게 두 달이 흐른 후 기적적으로 인터넷 전용선이 설치되었고, 다시금 PC방을 정비하니 4개월의 시간이 흘렀다. 그런데 세상에, 그 사이에 PC방이 우후죽순처럼 생겨 30곳의 경쟁업체가 생긴 것이다. 이것이 바로 '진입장벽'의 위험이다.

당시 1억 원 정도 자금이면 PC방 창업이 가능했고 PC방의 전망이 좋다는 소문이 널리 퍼지니, IMF 직후 나와 비슷한 처지의 사람들이 너도나도 PC방을 창업한 것이다. PC방을 창업하는 데 특별한 규제도 없었기 때문에(지금은 학교 근처 정화구역 등 약간의 허가요건이 있다) 많은 사람이 PC방을 창업했다. 바로 이런 것을 '진입장벽'이 낮은 업종이라고 한다. 이러한 업종은 결국 심한 경쟁 때문에 서로 도산한다. 대표적인 예로 제과점, 세탁소, 치킨집 등이 있다.

당시 PC방 사장들을 보면 참으로 다양한 직업군의 사람이 있었다. 가정주부, 퇴직한 교장선생님, 은행지점장, 회사원, 심지어는 룸살롱 웨이터도 PC방 창업에 동참했다. 룸살롱 웨이터에게 창업 이유를 물어보니 영업을 끝내고 새벽에 PC방에서 인터넷 게임을 즐기는 것이 취미인데, 가만히 보니 업종도 깨끗하고 수입도 괜찮을 것 같아 동료 웨이터와 동업으로 PC방을 창업했다고 한다. 일 매출을 물어보니 하루 30만 원은 된다고 하는데, 그 정도 매출이면 당시 기준으로는 잘되는 편인데도, 그는 PC방 창업을 후회하고 있었다. PC방을 창업한 후 그와 그의 동료는 본업을 하면서도 하루 24시간 PC방 운영에 신경을 쓰고 있는데, 하루 매출액 30만 원은 룸 하나의 1회 매출액에도 미치지 못하기 때문이란다.

필자가 가장 고민했던 이유는 달랐다. 후발 PC방의 경우 PC 사양도 높았고, PC방 인테리어를 비롯한 시설도 훌륭했기 때문에 경쟁에서 뒤질 수밖에 없었다. 결국 10개월 만에 PC방을 폐업하게 되었다. 10개월 동안 PC방을 운영하면서 집에서 잠을 잔 날은 3일에 불과했다. 회사에서 해고당하고 대출 받아서 PC방을 시작했는데, 집에서 잠을 자더라도 신경이 쓰여서 잠이 오지 않았다. 그렇게 고생했지만 회수한 자금은 2천만 원에 불과했다. 10개월 만에 8천만 원을 손해 본 것이다. 지금도 필자의 아내는 "당신 그때 고생 많이 한 건 알겠는데, 당신이 손해 본 8천만 원이면 우리 가족이 3년은 지낼 수 있었을 거예요."라고 말한다.

필자가 비록 8천만 원을 손해 봤더라도 당시 30대 중반이었기 때문에 손해를 복구하고 재기할 수 있었다. 하지만 50대 아빠가 준비되지 않은 창업으로 퇴직금을 날리게 된다면 어떻게 이를 회복할 수 있을 것인가. 따라서 내 자금을 투자해야 하는 창업을 결정할 때에는 신중하게 생각하고, 주변의 조언을 듣는 것이 중요하다.

● **시니어기술창업스쿨**

시니어기술창업스쿨은 중소기업청에서 주관하며 시니어에게 적합한 유망 창업 업종을 발굴하고 보급하는 기관이다. 연초에 공고를 통해 대학 또는 비영리 교육기관을 대상으로 시니어에게 적합한 창업교육프로그램을 제안 받는다. 해당 기관에서 창업교육프로그램을 제안하면, 중소기업청에서 엄정한 심사 후에 적합한 교육기관을 선정한다.

교육은 한 회당 20~30명이 참가하며, 100시간 정도 창업과 관련된 교육을 실시한다. 2015년의 경우 전체 교육비는 110만 원으로 책정되었다. 참가자가 10만 원을 부담하고 나머지 100만 원은 중소기업청에서 해당 교육기관에 보전해주는 형태다. 참가자격은 만 40세 이상이며, 기업 및 기관 근무경력이 10년 이상인 사람들이 주 대상이다.

지역	교육기관	교육내용
강원	강원대학교	냉난방기 설치 및 유지보수 전문인력 양성을 위한 창업과정
		판촉물 제작자 양성을 위한 창업과정
		CO2 용접 전문인력 양성을 위한 창업과정
		TIG 용접 전문인력 양성을 위한 창업과정
경남	경남과학기술대학교	농식품 가공 기술과정
서울	생산성본부	사물인터넷 기반 스마트제품 서비스 창업스쿨
		데이터분석 & 활용 기반 미래 지식서비스 창업스쿨
		3D 프린팅 기반 1인 제조서비스 창업스쿨
	호서대학교	드론 제작기술 창업과정
		웰빙문화를 위한 발효식품 창업과정
		방송기술 활용 방송제작 촬영기술 창업과정
부산	부산인적자원개발원	해양플랜트 영업설계 및 설계 이해를 통한 창업과정
경기	아주대학교	스마트 콘텐츠 창작을 통한 라이프 포토그라피 앱스토어 창업과정
		만들어서 판매하는 1인 메이커 셀링 창업과정
		브레인 기반 학습(Brain Based Learning) 코칭스킬 창업과정
	유한대학교	통합관제 엔지니어링 기술서비스 창업과정
		3D 프린팅 Fab Lab 서비스 창업과정
		앱 기획 및 개발 창업과정
		3D 프린팅 피규어 제작판매 창업과정
		생활밀착형 IoT 기기 활용 창업과정
울산	울산과학대학교	구동중심(공기청정기, 3D 프린터, 세차기 등) 기계 시스템 제품의 창업과정
전북	경제통상진흥원	3D 프린터를 활용한 제조기술분야 창업과정

[2015 시니어기술창업스쿨 기관별 교육과정]

지역 구분 없이 전국에서 제안받는데 해당 지역의 교육기관 전부가 심사에 탈락하면, 해당 연도에 그 지역에서는 시니어창업스쿨이 개설되지 않았을 수도 있다. 이에 대한 정보는 창업넷(www.startup.go.kr)에서 확인할 수 있다.

●시니어창업센터

창업을 고려할 때 가장 부담이 되는 것은 사무실 임대료와 집기류 구입 비용일 것이다. 이럴 때 유용하게 이용할 수 있는 곳이 바로 '시니어창업센터'다. 중소기업청에서는 창업을 희망하는 퇴직자들이 충분한 준비를 통해 제2의 인생을 성공적으로 시작할 수 있도록 창업보육센터를 마련했다. 이곳에서는 맞춤형 교육, 커뮤니티 활동, 컨설팅, 사무공간 제공 등 다양한 서비스를 지원하고 있다. 또한 창업관련 전문성을 갖춘 매니저가 상주하여 초기 창업준비단계, 아이디어 구체화단계, 실행단계 등 단계별로 맞춤형 서비스를 제공하고 있다.

심화섭 씨(55세)는 중소기업 총무부장으로 작년에 희망퇴직했다. 그동안 해왔던 총무, 관리와 관련된 분야의 재취업은 쉽지 않았고, 부인과 함께 창업을 구상했다. 마침 부인이 커피에 대한 조예가 깊고 심화섭 씨도 관심을 가지고 있었기 때문에, 커피전문점을 알아보기 시작했다. 내친김에 '내일배움카드'를 신청하여 정부지원으로 '바리스타과정'을 이수하고 자격증도 취득했다. 학원 동료들과 이야기하는 과정에서 노사발전재단의 전직지원서비스에 대한 정보를 얻었고, 그곳에서 창업전문가 김상현 씨를 소개받아 커피전문점 창업에 대한 전반적인 컨설팅을 받을 수 있었다.

지역	기관명	주소	연락처
서울	노원 시니어창업센터	서울시 노원구 공릉로 232 서울테크노파크 12층	02-944-6032
	마포 시니어창업센터	서울시 마포구 매봉산로 18 마포창업복지관 6층	02-7727-4100
	성북 시니어창업센터	서울시 성북구 화랑로 211(장위2동 65-154) 성북벤처창업지원센터 내	02-941-7256
경기	수원 시니어창업센터	경기도 수원시 팔달구 수원천로 255번길 6 영동시장 2층	031-241-1713
	의정부 시니어창업센터	경기도 의정부시 경의로 114 영빈빌딩 4층	031-828-8877
청주	청주 시니어창업센터	충북 청주시 상당구 영동 103-4번지	070-4814-6515
대구	수성 시니어창업센터	대구시 수성구 상동 6-3번지 수성구 새마을회관 1층	053-784-8261
	달서 시니어창업센터	대구시 달서구 상인로 128	053-643-7994
대전	대전 시니어창업센터	대전 유성구 대덕대로 512번길 20 (구:대전CT센터) 2층	042-864-5112
인천	인천 시니어창업센터	인천광역시 남동구 인주대로 506-4 서울외과 4층	032-567-5051
광주	광주 시니어창업센터	광주시 동구 금남로2가 20-2 무등빌딩 10층	062-236-3261
울산	울주 시니어창업센터	울산시 울주군 웅촌면 곡천리 320-2	052-277-1997
경북	칠곡 시니어창업센터	경북 칠곡군 왜관읍 공단로 1길 칠곡상공회의소 2층	054-973-9604
경남	양산 시니어창업센터	경남 양산시 주남로 288 영산대학교 테크노폴리스 산학협력관 3층	055-380-9577
강원	춘천 시니어창업센터	강원 춘천시 서면 박사로 384 강원정보문화진흥원 212호	033-245-6800

[지역별 시니어창업센터 위치 및 연락처]

그런데 첫 상담에서 김상현 씨가 대뜸, 커피전문점 운영이 생각보다 대단히 힘들고 어려운 일이라며 과연 커피전문점이 자신에게 맞는지 다시 한번 생각해보라는 이야기를 꺼냈다. 종일 서 있어야 하고 생각보다 진상 손님도 많으며, 또 우리나라 커피전문점의 5년 후 생존율이 26%에 불과하다고 이야기하는 것이다(2014년 안전행정부가 공개한 '전국 12개 도시의 음식점 20개 업종에 대한 빅데이터 분석결과다).

그러면서 심화섭 씨 부부가 생각했던 장소를 기준으로 창업비용 및 예상매출금액과 예상수익을 시뮬레이션했다. 심화섭 씨 부부가 생각한 커피전문점 매장은 실제 임대 평수 15평에 권리금 5천만 원, 보증금 3천만 원, 월세 100만 원을 지불해야 하는 곳이다. 15평이면 인테리어비용이 2천만 원, 집기구매비가 2천만 원 정도 예상되어 총 투자비용은 1억2천만 원이 필요하다.

하루에 방문하는 고객을 몇 명이나 예상하느냐고 묻기에 100명은 되지 않겠느냐고 대답했더니, 김상현 씨는 웃으면서 "그것은 터무니없는 예상이고, 권리금을 고려하면 하루 60명도 쉽지 않을 거예요."라고 말했다. 김상현 씨의 조언을 받아들여 일단은 하루 방문고객 수 60명을 기준으로 계산하기로 했다. 규모가 작은 개인 커피전문점이니 아메리카노 가격을 3,000원 이상 받기는 어려울 것이고, 우유 등이 들어가는 라떼류는 4,000원 정도로 잡았다. 그 외 음료나 케이크 등을 고려해 객단가를 4,000원으로 예상했다. 매출원가는 25% 정도니 하루 매출액은 24만 원(4,000원×60명), 월간 총매출액은 720만 원(24만원×30일)으로 예상할 수 있었다. 여기에 매출원가 180만 원(25%)을 반영하니 월 매출은 540만 원이 나왔다.

이번에는 비용을 계산해보았다. 처음에는 부부가 함께하니 인건비는 필요 없다고 생각했으나 한 달 30일을 운영하려면 파트타이머 한 명 정도는 필요할 것 같았다. 인건비 75만 원과 심화섭 씨 부부가 부담해야 하는 4대 보험료 및 부부의 보험료 등 부대비용이 20만 원, 그리고 손님의 50% 정도가 카드로 결제한다고 가정하면 카드수수료 9만 원, 그리고 집기 및 인테리어의 감가상각비가 월 67만 원 정도로 예상되어 영업비용으로 총 171만 원을 책정했다.

또 영업 외 비용으로 초기 투자금에 대한 이자를 반영해야 한다. 은행에서 대출받아 창업한 경우 이자를 예산에 넣어야 하고, 자신의 돈으로 창업했다고 하더라도 은행 이자를 기회비용으로 책정해야 한다. 따라서 5%를 반영했더니 월 50만 원의 이자비용이 발생했다.

총 매출액 720만 원에서 매출원가 180만 원, 월 임대료 100만 원, 영업비용 171만 원, 영업 외 비용 50만 원을 차감하니 심화섭 씨 부부가 한 달 30일을 쉬지 않고 일해서 벌 수 있는 세전 순이익은 219만 원에 불과했다.

심화섭 씨 부부가 크게 실망하자, 상담해주는 김상현 씨는 이렇게 말했다. "여기서 끝이 아닙니다. 아직 우리가 염두에 두지 않은 부분들이 있습니다. 임대료 상승, 연간 휴일과 해당 상권의 특성 및 계절에 따른 비성수기 등이 경제적인 영향을 주기 마련입니다. 게다가 나중에 커피전문점을 정리할 때 투자했던 권리금을 얼마나 회수할 수 있을지에 대한 것도 위험요소입니다."

심화섭 씨 부부는 커피전문점 창업에 대해서 다시 한번 고려하기로 했다. 한편으로는 막연한 감으로 창업했다가 큰일이 날뻔했다는 안도감도 들었다.

● 서울특별시 창업스쿨

창업을 지원하는 다양한 정책 및 교육프로그램은 광역자치단체나 기초자치단체별로 마련되어 있고, 그 내용도 무척 알차다. 서울특별시에서 서울산업통상진흥원에 위탁해서 운영하고 있는 서울특별시 창업스쿨은 '당신의 준비 안 된 창업을 반대합니다'라는 슬로건을 걸고 있다. 교육은 온라인교육(일반과정)과 오프라인교육(전문과정)으로 나뉘는데, 온라인교육은 모바일 창업스쿨 어플리케이션에 연동이 가능해서, 스마트폰만 있으면 어디서든 수강할 수 있다.

온라인교육은 전체 55개 과정이 개설되어있는데, 패션, 유통, 외식업, 무역 등 다양한 분야에 대한 교육프로그램이 마련되어 있다. 예를 들어 내가 외식업을 창업하려고 하면 매장입지와 관련해서 '외식상권입지분석'을 수강하고, 메뉴와 관련해서 '메뉴개발 및 가격전략', 판촉과 관련해서 '외식업 홍보판촉전략', '온라인 홍보마케팅', 고객관리와 관련해서 '고객관리 실무'와 같은 수업을 수강하면 된다. 또 '사업계획서작성'을 수강하면 창업과 관련된 기본적인 지식을 습득할 수 있다.

정해진 기간(보통 20일이다)동안 온라인으로 수강하면 수료증이 내 정보에 등록되며, 이것은 향후 오프라인교육을 신청하고 심사할 때 가점 요인이 된다. 서울특별시 창업스쿨 온라인교육을 신청하기 위해서는 서울특별시 창업스쿨(www.school.seoul.kr)을 방문해서 회원가입을 하고, 로그인 후 교육신청을 클릭한다. 서울특별시 창업스쿨 교육신청을 선택하고 원하는 과정을 학습하면 된다.

오프라인교육은 2개월간 80시간 전후로 운영되며, 창업에 대한 마인드부터 기초, 실전과정 학습을 통해 준비된 창업가로 거듭날 수 있는 기회를 제공한다. 특히 이론적인 지식뿐만 아니라 다양한 선배 창업자들의 성공 및 실패사례, 실제 창업현장탐방 및 그룹별 모의창업체험을 통해 무분별한 창업을 지양하고 창업준비도를 높이는 것이 목적이다. 오프라인교육은 담임교수제로 운영되며, 창업전문가로부터 일대일 상담을 받을 수 있다. 또 보증기관과 연계하여 창업자금을 지원받을 수 있고, 수료생들의 경험을 공유하기 위한 커뮤니티 공간도 제공된다.

오프라인교실은 총 20명으로 운영되며 성별 등 자격요건 제한 없이, 창업 혹은 업종전환 예정인 20세 이상의 서울시민이라면 누구나 신청할 수 있다. 창업스쿨 홈페이지를 통해 접수하고, 신청자들에 한해 서류 심사 후 최종 선정한다. 온라인교육은 교육비 부담이 없지만 오프라인교육은 일정 금액(20만 원 전후)의 자기부담금이 있다. 교육과정으로는 일반 점포형 창업, 벤처, 인터넷 분야 등 총 8가지 분야에 대한 내용이 준비되어 있다.

마상원 씨(53세)는 약국도매상에서 제약영업을 하다가 퇴직했다. 퇴직 전 직장이 여섯 번째 직장이었는데, 회사가 어려워지면서 상대적으로 급여가 높은 마상원 씨에게 퇴직에 대한 압박이 들어왔다. 버텨보려고 했지만 결국 사표를 내고 나왔다. 아이들이 중학교 1학년, 고등학교 1학년이기 때문에 적극적인 경제활동을 해야 하는 상황이었지만, 전에도 몇 차례 원치 않는 사표를 냈던 경험이 있어서 더는 직장생활이 싫었다. 부인과 상의하면서 자산상태를 살펴보니 2억5천만 원의 여유자금이 있었다.

교육비를 비롯해서 아이들에게 들어가는 비용이 많지만 급하게 생각하지 않기로 했다. 먼저 지출을 줄이기로 하고, 불필요한 비용들을 줄여나갔다. 제일 먼저 마상원 씨가 사용하던 중형 승용차를 처분하고, 아내가 사용하는 경차만 남겨두었다. 다음 무제한 요금제였던 휴대전화 요금제를 통화 200분으로 줄이고, 그렇게 좋아하던 골프도 자리 잡을 때까지는 끊기로 했다. 물론 교제비도 최대한 절약해서 쓰기로 했다. 이렇게 생활을 다운사이징하면서 창업을 준비했다.

마상원 씨는 창업이 처음이지만 어렸을 때 부모님이 식당을 운영하는 것을 옆에서 본 기억은 있어서 낯설지만은 않았다. 또 직접 사업을 하는 것에는 어려움이 많다는 것도 알고 있었다. 마상원 씨는 먼저 서울특별시 창업스쿨을 통해서 기본적인 창업과 관련된 교육을 받았다. 업종 선택방법, 입지 선정방법, 메뉴 선택방법, 마케팅 기본, 고객관리기법 등 현실적인 교육들이 커리큘럼에 있었다. 업종을 선택하기 위해 다방면으로 고민했는데, 그중 음식점에 마음이 끌렸다.

창업교육을 받으면서 부인과 함께 장사가 잘된다는 유명한 음식점을 방문하면서 시장조사를 계속했다. 그러면서 내린 결론은 자본금의 한계도 있기 때문에 많은 금액의 투자는 힘들고, 계속 경기가 나쁘니 고급스러운 곳보다는 대중적인 곳이 경쟁력이 있다는 것이었다. 또 아이들이 어리기 때문에 부인과 함께하는 것은 힘들어 전문적인 주방장이 필요한 업종보다는 규격화된 업종이 나을 것 같았다. 결국 대중적인 프랜차이즈 고기전문점을 선택했.

원가도 부담스럽지 않았고, 프랜차이즈 본사에서 고기가 냉동상태로 오기 때문에 먹기 좋게 손질만 하면 된다. 사이드 메뉴는 약간의 반찬과 야채만 다듬어서 상에 올리면 되고, 별도의 메뉴인 된장찌개와 냉면, 국수류 또한 본사에서 육수를 받아서 사용하면 되니 전문 주방장이 필요 없는 업종이었다.

마상원 씨는 몇 곳의 프랜차이즈 본사 가맹점 설명회를 다니면서 기본적인 정보를 얻기 시작했고, 조건을 비교해보았다. 그리고 가맹점 본사에서 설명한 것이 현실에서 제대로 적용되고 있는가 확인했다. 처음에는 가맹점에서 소개한 매장에서 일주일간 현장실습을 해보았는데, 장사도 잘되고 조건이 괜찮았다. 그래서 가맹점 계약을 하려는데, 왠지 개운하지가 않은 것이다.

그때 창업 교육시간에 들었던 '하려는 곳에서 1년을 겪어보라!'는 말이 떠올랐다. 먼저 준비했던 창업자금은 금융회사의 1년 만기 특판 예금상품에 예치하고 고기를 전문적으로 취급하는 음식점에 취직하기로 했다. 그런데 50세가 넘은 남자가 음식점에서 할 수 있는 일은 제한적이었다. 처음에는 음식점 주차장에서 손님의 차를 주차시키는 일자리가 나왔다. 11시부터 밤 10시까지 종일 주차하는 일을 하는데, 월 급여가 90만 원이었다. 처음에는 창피하기도 하고, 주차일과 자신이 하려는 음식점이 무슨 상관이 있냐는 생각도 들었다. 무엇보다 한 달에 90만 원인 급여가 적다는 생각도 들었는데, 교육 중에 만났던 창업전문가의 의견은 달랐다.

"음식점을 찾는 손님이 어떤 니즈(needs)를 가지고 방문했는지를 파악할 수 있고, 또 고객이 어떤 점에서 만족했는지를 알 수 있다면 앞으로 당신이 식당을 운영하는 데 큰 도움이 되지 않겠습니까? 게다가 월 90만 원은 현재 당신의 입장에서 보면 결코 적은 금액이 아닙니다. 전에 하던 일과는 전혀 다른 새로운 일을 하는 것인데, 여기서 본인의 몸값이 얼마나 된다고 생각하십니까? 전 직장 연봉의 20%면 적당합니다. 전 직장에서 연봉이 6천만 원이었으면, 월 100만 원이 가장 합리적인 급여 수준이라고 생각합니다."

마상원 씨는 설명을 들으면서 아차 싶었다. 창업전문가의 말이 옳았을 뿐만 아니라 자신이 했던 생각은 '주차 관리'라는 일을 창피하게 여기는 마음을 합리화시키기 위한 핑계거리였던 것이다.

그 후 마상원 씨는 정말 열심히 일했다. 창업을 위한 준비기간이라고 생각하니 고된 노동도 정말 신바람이 났다. 가게에 숯불을 담당하는 사람이 필요하게 되자, 그쪽 일도 자청해서 배웠다. 그 과정에서도 쉬는 날에는 지속적으로 창업과 관련된 준비를 했고, 가맹설명회에서 만났던 다른 창업자에게 부탁해 창업체험이 아닌 매장 아르바이트 자리를 구하게 되었다.

마상원 씨는 이때 정말 소중한 경험을 했다. 처음에는 단순히 매장 서빙을 했는데 스스로 주방 설거지도 하고, 고기 다듬는 일을 도와주기도 했다. 이 과정에서 밖에서는 느낄 수 없는 현장 노하우를 체득하게 되었다. 매장 인테리어에서 탁자의 높이, 고객과 직원이 부딪히지 않고 움직이는 동선, 주방의 개수대 위치 등 직접 겪지 않으면 알 수 없는 소중한 지혜였다. 매장과 주방에 있는 모든 집기와 비품들이 보기만 좋게 배열하면 되는 것이 아니고 그에 적합한 위치에 놓여야 한다는 것을 다시금 느끼게 되었다. 또한 매장을 운영하면 직원과 아르바이트생을 고용하게 될 텐데, 탄력적인 인력 운용이 영업이익에 결정적인 역할을 하는 것도 현장을 통해서 배우게 되었다.

마상원 씨는 총 1년 6개월 동안 현장을 파악한 후 서울 근교에 원하는 음식점을 오픈했다. 처음하는 창업이지만 철저한 사전 준비와 현장경험으로 시작부터 안정적인 매출이익을 올리고 있고, 지금도 끊임없이 새로운 메뉴를 개발하면서 고객을 늘릴 방법을 찾고 있다.

● 50대 아빠의 창업성공 10계명

① **가능한 작게 시작하라.** 창업에 대한 경험이 상대적으로 부족하기 때문에 처음부터 욕심을 가지고 초기투자를 늘려 규모를 키우면 수익이 떨어질 경우 인건비, 월세, 유지비 등을 감당하기 어렵다.

② **업종은 전 직장에서 일했던 업종을 선택하는 것이 좋다.** 일반적으로 창업하기 전에는 관련 직종에서 일하며 배우는 것이 가장 빠른 지름길이다. 이때 자신이 오랫동안 몸담았던 업종을 선택하면 일을 배우는 시간을 단축할 수 있고 직장 경험을 활용할 수도 있기 때문에 모르는 분야를 처음 시작하는 것보다 훨씬 유리하다. 만일, 특정한 아이템이 없다면 수익성보다는 안정성을 선택해야 한다. 일반적인 정년퇴직은 50세에서 60세지만 실제적으로 일할 수 있는 나이는 평균 70세 가까이 된다. 10~20년 후를 바라보며 일을 할 수 있다는 것에 만족하고 오래 일할 수 있는 아이템을 선정해야 한다.

③ **창업자본금으로 퇴직금을 비롯한 전 재산을 다 투자하면 안 된다.** 우리나라 창업 성공률 자체가 높지 않고 경기 상황에 따라 수입이 없는 경우가 있기 때문에 여유자금을 항상 보유하여 최대 70% 이내를 창업자금으로 해야 한다. 창업비용 중 자기자본비율을 초과한 경우 이자비용을 제외한 실질적 수입으로 생활하기 빠듯하다.

④ **현실을 인식하고 대박 환상은 반드시 버려라.** 대박집이라는 말만 들어도 손님이 끊이지 않고 행복한 미래가 펼쳐질 것 같은 생각이 든다. 하지만

현실을 인정하자. 투자비용 대비 2.2%~2.8%의 월수익성은 우수한 수익성임을 인지해야 한다.

⑤ **1년 이상의 충분한 준비기간을 거쳐야 한다.** 그중 3개월 이상 현장을 체험하라. 인턴이나 체험형 취업기간을 최소 3개월 이상 갖고 나에게 적합한 업종, 수익성, 고객반응 등을 확인해야 한다. 현직에 있을 때부터 퇴직 후를 준비해 온 은퇴자들이라도 퇴직 후에 시간을 두고 철저히 준비해야 실패확률을 줄일 수 있다. 수입이 끊겼다는 불안감에 성급히 창업이나 취업에 나섰다가 그나마 모아놓은 밑천마저 날리는 경우가 허다하다.

⑥ **사전 창업교육은 필수다.** 창업교육을 이수한다고 반드시 성공하는 것은 아니다. 하지만 전문가의 도움을 받으면 실패확률을 줄일 수 있다.

⑦ **사업계획서와 사업타당성은 치밀하게 파악하라.** 사업계획은 철저하고 꼼꼼하게 분석해야 한다. 사업계획서를 작성하는 것은 창업과정을 시뮬레이션하는 것과 같다. 만일 매출이 떨어지더라도 극복할 수 있는 전략을 가지게 된다. 더불어 장기목표와 중기목표, 단기목표를 구체적으로 설정해야 목표를 달성할 수 있다.

⑧ **가족의 동의는 필수이다.** 가족의 이해와 도움이 매장을 운영할 때 절대적 안정감으로 작용한다. 직원이 필요한 규모면 가족과 함께 운영하라. 가족창업은 신뢰를 기반으로 운영된다는 것이 큰 장점이다. 강력한 파트너십으로 효율적인 운영을 할 수 있다. 요즘은 은퇴 후 부부가 함께 자영업을 하거나, 취업 대신 창업을 준비하는 자녀들을 위해 부모가 함께 창업하는 사례가 많다.

⑨ **끊임없이 자기계발을 해서 그 분야의 전문가가 돼라.** 한 치의 오차도 용

납하지 않는 엔지니어의 자세가 필요하다는 뜻이다. 여러 차례 시행착오를 겪어도 한 번의 성공으로 만회할 수 있는 과학자의 자세로는 쉽게 무너질 수 있다. 정보를 귀로만 듣지 말고 눈으로 확인하고 발로 뛰어다니며 체화해야 성공 가능성도 커진다.

⑩ **일에 목숨을 걸어라.** 창업을 성공하고 싶다면 창업아이템에 대한 지식뿐만 아니라 경영 전반지식이나 새롭게 개발되는 기술을 익히고, 직접 경험해 신속하게 판단해야 한다. 목표에 대한 집념과 열정으로 배움을 게을리하지 않는 습관이 당신을 성공으로 이끌 것이다.

나 자신이
기업이다

　지금 이력서를 쓰고 있는 50대 아빠는 크게 두 가지 자산을 가지고 있다. 첫째는 그동안 모아둔 노후자금과 퇴직금이고 둘째는 그동안 쌓아온 경험과 노하우다. 이 두 가지 자산을 적절하게 활용해서 앞으로 50년의 삶과 30년의 경제활동을 영위해야 하는데, 준비된 노후자금과 퇴직금은 앞으로의 생활을 지탱해줄 가장 기본적인 언덕이기 때문에 정말 소중하게 관리해야 할 자산이다. 이런 이유 때문에 내 자본이 투자되는 창업보다는 그동안 살아오면서 얻게 된 지식과 노하우를 활용하는 1인 기업에 대한 관심이 높아지고 있다.

　유명한 프랑스 석학 자크 아탈리는 회사도 아니고 전문직도 아닌 오직 자신의 힘으로 콘텐츠를 생산해낼 수 있는 1인 창조기업가에게만 미래가 보장된다고 했다. 그러면 이러한 콘텐츠는 어떻게 개발할 수 있을까?

자신이 좋아하거나 잘하는 일을 시장에서 통용될 수 있는 콘텐츠로 개발할 수 있다면 이것이 비즈니스가 되는 것이다. 만약 시장에서 팔릴 가치가 없다면 이는 취미나 개인적인 소일거리가 된다.

표선일 씨(58세)는 주 2일을 골프장에서 지내는 골프 마니아다. 실력도 좋다. 지인들도 인정하고, 몇 년 전에 골프티칭프로자격증도 받았다. 그는 작년에 퇴직하고 좋아하는 골프와 관련된 일을 할 수 없을까 고민했다. 주변의 자문을 얻어서 시작한 것이 지역주민센터와 연계하여 운영되는 청소년골프교실이다. 처음에는 홍보가 안 되어서 참석자가 적었지만, 지금은 표선일 씨의 실력이 알려져 참석자가 많이 늘었다. 또 참석자 한 명 한 명에게 세심하게 신경 써서 지도하는 모습에, 지금은 선착순으로 마감되는 인기 강좌가 되었다. 그러다 보니 구청 문화센터에서도 동일한 강좌를 개설하자는 제안이 들어왔다.

표선일 씨의 사례에서 중요한 것은 좋아하는 취미를 비즈니스로 연결하는 데 성공했다는 것이다. 일반인들은 좀 더 젊고, 전문적인 프로에게 레슨받기를 원하기 때문에 청소년골프교실이라는 틈새시장을 공략해서 비즈니스로 연결한 것이다. 만일 이러한 전략이 없었더라면 표선일 씨에게 골프는 단순한 취미에 불과했을 것이다.

홍성일 씨(59세)는 정유관련 기업에 입사해서 인력개발, 교육훈련 분야에서 경력을 쌓았고, 그 능력을 인정받아 임원까지 지내다 56세에 퇴직했다. 다행스럽게 경제적으로는 큰 어려움이 없었는데, 그 나이에 우두커니 집에 있는 것도 싫었다. 그렇다고 다른 곳에 취업하려 하니 2~3년 후에는 또다시 퇴직하고 똑같은 고민을 하는 악순환이 계속될 것 같았다. 평생 해온 업무는 HRD(인적자원개발)와 관련된 분야였고, 관련된 강의를 하면 잘 할 것 같은 생각이 들었다. 먼저 퇴직한 선배 임원에게 자문을 구하고, 현직에 있는 후배와 이야기해보니 괜찮은 생각이라며 적극 추천하는 것이었다.

홍성일 씨는 내친김에 경험을 살려서, 직무훈련과정에 참석한 팀장을 대상으로 리더십 강의를 준비했다. 문제는 기존 강사들에 비해서 전문성이 떨어진다는 점이었다. 현직에 있을 때는 특강을 진행할 때 부하 직원들이 파워포인트로 작성해준 강의 슬라이드를 사용했지만 이제는 직접 작성해야 했다. 손에 익지 않아 고생하다가 결국은 후배의 도움을 받아 어렵게 강의를 마칠 수 있었다. 당연히 강의에 대한 반응도 좋지 않았고, 무엇보다도 내가 이것밖에 안됐나 하는 자괴감이 생겼다.

너무 안이하게 생각했다는 반성과 함께 본격적인 준비를 시작했다. 기본으로 돌아가자는(Back to the basic)는 생각으로 강사양성과정을 먼저 등록했다. 강사양성과정을 검색하면서 느낀 것은 50대 이상 베이비부머를 대상으로 시행되는 정부의 다양한 교육훈련지원프로그램 중에는 특히 강사와 컨설턴트를 양성하는 과정이 많이 개설되어 있다는 사실이었다. 비슷한 연령대, 비슷한 처지의 사람들과 함께 교육받으면서 퇴직 후 주어진 삶에 대한 현실과 고민을 공감하게 되었고, 자신이 너무 우물 안 개구리였다는 사실을 깨닫게 되었다.

강사양성과 관련된 기본적인 교육을 받으면서, 가장 두렵게 여겼던 파워포인트도 정식으로 배우기 시작했다. 처음에는 아들 또래의 젊은 친구들과 함께 배운다는 것이 쑥스럽기도 하고, 또 진도를 따라가지 못해서 힘들기도 했다. 하지만 곧 타고난 친화력으로 젊은이들과 친분을 쌓고 그들에게 배워가며 해보니 어렵지만도 않았다.

전산학원을 다니면서 컴퓨터 활용능력시험에 대한 안내를 받았고, 먼저 컴퓨터 활용능력시험 2급 필기시험을 봐 첫 시험에 당당히 합격했다. 자신감이 충만했고 내친김에 1급 필기시험도 응시해 합격했다. 1급 필기시험에 합격하면 2년 내에 1, 2급 실기시험을 모두 응시할 수 있는 자격이 부여된다.

필기시험에 합격하고 실기시험을 준비하는데, 교재를 보니 엑셀과 데이터베이스 2편으로 약 천페이지 정도 만만치 않은 분량이었다. 그러나 막상 시작해보니 배우는 내용이 신기하고 재미있어 금세 기능을 익혀나갔다. 홍성일 씨는 시험을 준비하면서 자신에게 이러한 재능이 있는지 처음 알았다.

이렇게 3개월간 열심히 공부하고 자신 있게 첫 실기시험에 응시했다. 그런데 시험문제가 공개되는 순간 눈앞이 깜깜해졌다. 그렇게 열심히 공부했는데 무엇을 풀라고 하는지 문제의 뜻조차 모를 정도로 어려웠다. 당연히 떨어졌고 그 후로 9개월 동안 7번의 실기시험에서 실패했다. 중간에 포기하려는 생각도 들었지만, 그동안 준비한 시간도 아까웠고, 오기가 생겼다. 포기하지 않고 꾸준히 준비하던 홍성일 씨는 결국 8번째 시험에서 합격했다.

홍성일 씨는 그 후에도 계속 컴퓨터에 관심을 갖고 자치단체에서 운영하는 정보화교실에서 컴퓨터강좌를 틈틈이 들으면서 열심히 노력한 결과 두루두루 강의가 가능한 수준의 실력을 갖추게 되었다.

홍성일 씨는 지금 각종 사회단체 및 복지관 등에서 시니어대상 정보화 강사로 활동하고 있으며, 특히 SNS와 관련된 다양한 강의를 하고 있다. 물론 처음에는 재능기부 형태로 활동했으나, 지금은 재능기부 활동과 더불어 전문강사로의 영역을 넓혀 나가고 있다. IT 업계에 새롭게 소개되는 기술적인 부분에서 뒤처지지 않기 위해서 끊임없이 노력하고 있으며, 홍성일 씨는 그 자체로 1인 기업의 역할을 하고 있다.

홍성일 씨가 정보화, SNS강사라는 새로운 기업을 준비하는데 소요된 자원은 2년 정도의 시간과 관련된 자격증을 취득하기 위한 학원비, 비즈니스를 위한 약간의 교통비가 전부였다. 홍성일 씨의 나이는 59세이지만 강의 대상이 시니어이기 때문에 앞으로 20년 이상은 이 일을 계속할 수 있을 것으로 생각하고 있고, 오늘도 자기관리를 열심히 하고 있다.

● 1인 창조기업

1인 기업 창업을 고려하고 있는 50대 아빠는 1인 창조기업을 활용하면 큰 도움을 받을 수 있다. 1인 창조기업이란 초기비용부담이 큰 일반적인 자영업의 창업이 아닌, 대표자의 재능과 전문성을 이용한 창업을 지원하고자 만들어졌다. 즉 창의성과 전문성을 지닌 1인이 상시 근로자 없이 지식서비스, 제조업 등을 영위하는 것을 말한다. 가족기업과 도제기업은 대표자를 포함하여 종사자 4명까지 가능하며, 프리랜서는 잠재적 기업으로 규정하여 지원하고 있다.

1인 창조기업의 적용 범위는 초기에는 지식서비스업, 제조업 위주로 한정되어 있었으나, 2015년 2월 관련 법률개정 이후 부동산업 등 일부 업종을 제외하고는 포괄적으로 허용하도록 규정이 바뀌면서 대상 업종이 크게 증가했다.

1인 창조기업으로 선정됐을 때 정부로부터 지원받을 수 있는 내용은 다음과 같다.

① **비즈니스센터** : 전용 사무공간(100% 또는 50%), 복사기, 프린터, 팩스, 우편함 등 업무시설지원, 회의실, 창조카페, 휴게실 등 공용공간지원, 세무, 법률, 마케팅 관련 전문가상담

② **사업화지원** : 디자인개발 및 온오프라인 마케팅

③ **오픈마켓입점지원** : 11번가, 홈&쇼핑, 우체국 쇼핑, 네이버

④ **1인 창조기업 전용 R&D**

⑤ **마케팅지원사업**

비즈니스센터에는 창업전문가가 상주하고 있어, 초기 사업화에 많은 도움을 받을 수 있다. 또한 창업을 고려할 때 가장 많은 부담이 되는 사무공간 및 집기류를 제공받을 수 있어 초기 창업비용이 절감되며, 그 비용을 연구, 개발 등에 활용할 수 있는 장점이 있다.

1인 창조기업 지정 및 이용방법은 먼저 패밀리카드를 발급받고 해당 지역 1인 창조기업 비즈니스센터를 이용하면 된다. 창업넷(www.startup.go.kr) 사이트를 방문한다. 회원가입을 하고 로그인을 해야 사이트를 이용할 수 있다. [센터지정]에서 센터를 선택하는데, 방문하기 편한 곳이면 된다. 꼭 패밀리카드 신청 시 지정한 센터에 입주해야 하는 것이 아니고 카드발급을 위한 절차다. 정회원 인증이 된 경우 해당 센터에 방문해서 신청

서를 기재하면 패밀리카드를 발급받는다.

조영성 씨(56세)는 법무법인에서 특허출원과 관련된 실무를 담당했다. 이제 퇴직을 앞두고 심각하게 향후 진로를 고민하고 있다. 대학에서 전기를 전공하고 특허출원분야에서 25년을 넘게 일했기 때문에 일에 대한 전문성은 가지고 있지만, 관련 분야에서 조영성 씨 정도 되는 관리급의 경력자는 수요가 많지 않다.

전혀 새로운 분야로의 전직도 심각하게 고려해보았으나 자신에게 적합한 분야도 떠오르지 않았다. 놀기는 싫어서 노래방 창업을 고려했는데, 부인을 비롯한 지인들이 경험도 없이 그게 가능하냐면서 모두 반대하는 것이다. 그러면서 하는 말이 "잘 알고, 잘 할 수 있는 분야를 선택하고, 기왕이면 자본부담이 적은 1인 기업으로 시작하는 것이 좋다."라는 것이었다.

조영성 씨는 이번에는 진지하게 자신의 주업무인 특허출원과정을 점검해보았다. 눈에 띄는 것이 번역분야였다. 일반적인 번역과는 다르게 특허와 관련된 번역은 전문성이 필요하다. 그렇기 때문에 전문가도 부족하고, 번역료도 비싸다. 그런데 조영성 씨는 계속 관련 업무를 해왔기 때문에 인맥도 있고, 인터넷을 기반으로 새로운 비즈니스영역을 개발할 수 있을 것 같았다.

먼저 강북 세종로 부근에서 사무실을 알아보니 빈 사무실은 있지만, 보증금과 월 임대료, 관리비용이 생각보다 컸다. 또 책상, 복사기 등의 집기, 비품에 소요되는 비용도 부담됐다. 게다가 업무를 보조할 직원채용까지 고려하면 매달 지출되는 비용이 만만치 않았다.

그때 1인 창조기업에 대한 안내를 받았다. 먼저 창업넷 사이트에 방문해서 조영성 씨가 창업 아이템으로 생각한 '번역' 사업이 지원대상업종인지 확인해보았다. 번역사업이 해당되는 것을 확인한 다음, 비즈니스센터 정회원 인증을 받고 패밀리카드를 발급받았다. 마침 마포 비즈니스센터에서 무료로 입주할 기업을 공모한다는 정보를 듣고, 사업계획서를 제출하여 다행스럽게도 선정되었다.

비즈니스센터에 입주하면서 가장 좋았던 것은 그곳에 상주하는 지원인력의 도움이었다. 평생 직장생활만 하던 조영성 씨에게는 창업과정 자체가 너무 생소한 일들이었고, 용어 하나도 이해가 힘들었다. 그럴 때 창업전문가로부터 법인설립절차에 대한 안내를 받고, 제대로 된 사업계획서를 작성할 수 있도록 도움을 받았다. 또 다양한 정부지원사업에 대한 안내도 받을 수 있었다. 뿐만 아니라 센터에 입주해 있는 다른 선배 창업자로부터 그들이 현실적으로 겪었던 어려움을 들으며 함께 공유할 수 있었고 그 과정에서 자신의 사업에 대한 디테일을 보완할 수 있었다.

이제 창업 1년이 지난 시점에서 조영성 씨의 사업은 어느 정도 자리를 잡았고, 돌이켜 보면 처음 사업을 시작할 때 발생할 수 있는 시행착오와 어려움을 전문가, 창업 동료와 함께하면서 수월하게 극복할 수 있었다는 생각이 들었다. 또 1인 창조기업 덕분에 초기비용에 대한 부담에서 벗어날 수 있어서 큰 도움을 받았다.

50대 아빠가 뭉친다

사회적경제라는 용어를 들어보았는가? 사회적경제는 '사람 중심의 경제'를 말한다. 영리기업이 주주나 소유자의 이윤 극대화를 추구하는 것과는 다르게, 사람의 가치에 우위를 두는 경제활동이다. 조직의 목적을 사회서비스를 제공하고 취약계층에게 일자리를 창출하는 등의 사회적인 것에 둔다는 차이가 있다. 이렇게 사회공익을 추구하는 순기능이 있기에 정부에서는 사회적 경제주체에게 다양한 정책을 마련해 지원하고 있다.

사회적경제는 사회적기업, 협동조합, 마을기업으로 대표된다. 이들은 각각 따로 움직이는 것이 아니고 어느 단계에서는 사회적기업으로 수렴한다. 요즘은 사회가 다양화되고 삶이 세분화되면서 전통적인 기업군보다는 특색 있고 독특한 생활밀착형 기업이 각광받고 있다. 떡볶이를 혼자 파는 것보다 여럿이 모여 전문화시키고 세분화하면 이것이 바로 기업이 되는 것이다. 붕

어빵, 오뎅, 떡볶이 같은 음식 협동조합부터 세탁, 집수리, 도배 등을 위해 뭉친 생활밀착형 협동조합까지 다양한 협동조합이 나타나고 있다. 이러한 협동조합이 어느 정도 규모를 갖추면 사회적기업으로 발전하는 것이다.

● **사회적기업**

사회적기업이란 영리기업과 비영리기업의 중간 형태로, 사회적 목적을 우선적으로 추구하면서 생산과 판매 같은 영업활동을 수행하는 기업을 말한다. 일정 조건을 충족하면 고용노동부 장관이 사회적기업으로 인증해준다.

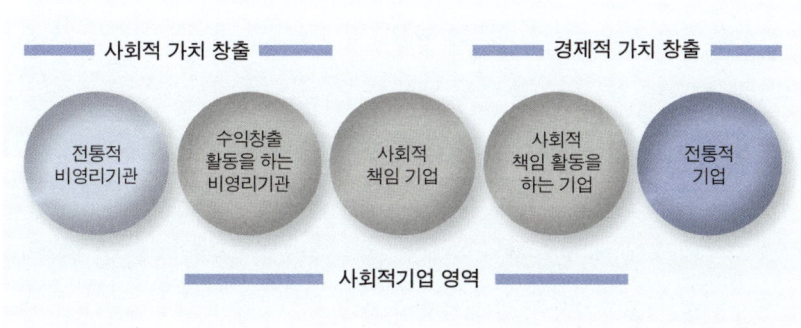

사회적기업으로 인증받기 위해서는 다음과 같은 조건을 충족해야 한다.

첫째, 개인사업자는 해당되지 않고 반드시 민법에 따른 법인, 조합, 상법에 따른 회사, 특별법에 따라 설립된 법인 또는 비영리민간단체 등의 조직형태를 갖춰야 한다(사회적 협동조합과 마을기업도 조직의 형태로 본다).

둘째, 유급근로자를 고용해 생산, 판매 등의 활동을 영위하고 있어야 한다.

셋째, 다섯 가지 유형 중 하나를 충족해야 한다.

① 일자리제공형 : 취약계층에게 일자리를 제공하는 것이 조직의 주된 목적
② 사회서비스제공형 : 취약계층에게 사회서비스를 제공하는 것이 조직의 주된 목적
③ 지역사회공헌형 : 지역사회에 공헌하는 것이 조직의 주된 목적
④ 혼합형 : 일자리제공형과 사회서비스제공형이 혼합
⑤ 기타형 : 사회적 목적의 실현 여부를 계량화하여 판단하기 곤란한 경우

넷째, 서비스 수혜자, 근로자 등 이해관계자가 참여하는 의사결정구조를 갖춰야 한다.

다섯째, 영업활동을 통하여 얻는 수입이 노무비의 50% 이상이어야 한다.

여섯째, 정관이나 규약에 상법상 회사, 합자조합인 경우에는 배분 가능한 잔여 재산의 3분의 2 이상을 다른 사회적기업 또는 공익기금 등에 기부하는 내용이 포함되어야 한다.

일곱째, 회계 연도별로 배분 가능한 이윤의 3분의 2 이상을 사회적 목적을 위해 사용해야 하며, 청산·해산 시에도 잔여 자산의 3분의 2 이상을 다른 사회적기업 또는 공익기금 등에 배분해야 한다.

사회적기업으로 인정받으면 인건비, 사업개발비, 금융, 세제, 사회보험, 경영컨설팅, 공공기관 우선구매, 판로개척, 프로보노, 사회공헌일자리, 네트워크구축, 민간자원연계 및 국제협력, 교육훈련, 시설비 등을 지원받을 수 있고, 각 지자체별 지원제도를 이용할 수 있다.

또 사회적 목적을 실현하고 영업활동을 통해 수익을 창출하는 등 사회적기업의 인증을 위한 최소한의 요건을 갖추고 있으나, 수익구조와 같은 일부 요건을 갖추지 못한 기업을 위해 예비사회적기업지정제도를 운영하고 있다.

대상은 지방자치단체장이 지정하며, 지정요건을 보완하여 훗날 사회적기업이 될 수 있도록 지원한다. 기본적인 지정기간은 1년이며, 1년 단위로 연장이 가능하다(최대 3년). 예비사회적기업으로 지정받으면, 경영컨설팅, 공공기관 우선구매, 인건비, 사업개발비, 모태펀드 등의 지원을 받을 수 있다.

경상남도 통영, 결혼이주여성들이 함께 모여 누비가방을 만드는 사회적기업 (주)민들레누비는 2010년 지방 YWCA에서 만든 업체다. 당시 통영 YWCA에서 이주여성들을 대상으로 한글교실을 운영했는데, 수강생으로 참가한 이주여성 대부분이 가계에 보탬이 되는 일자리를 원해 이 사회적기업이 탄생했다. 해안지방이라 굴 까기, 참치 손질 등과 같은 일자리는 있었지만 새벽부터 밤늦게까지 일에 매달려야 하기에 아이를 돌볼 수 없고, 그로 인해 가정이 무너지는 경우도 있었다.

해법을 고민하던 통영 YWCA는 400년 전통의 통영 누비에 주목했다. 통영지역에는 조선 시대 삼도수군통제영이 설치된 이후 생겨나 오랜 역사를 자랑하는 누비문화가 전해지고 있었으나 젊은이들이 전수를 꺼리고 있었다. 더욱이 계승자가 20여 명에 불과할 정도로 위기 상황이었다. 위기에는 반드시 기회가 있다고 했던가. 전국에 유통되는 누비제품 대부분이 기계로 만들어지는 데 반해, 꼼꼼하게 수공예로 만드는 통영 누비는 강점이 있었다. 상품화하면 시장에서도 경쟁력이 있으리라는 확신이 섰다. 결혼이주여성들은 결혼 전에도 바느질 경험이 있었기 때문에 이들에게 누비기술을 가르쳐 보니 예상외로 호응이 좋았고 습득도 빨랐다.

확신을 가진 통영 YWCA에서는 주저하지 않고 서호시장 2층에 작업장을 열고 회사를 만들었다. 회사 이름은 밟아도 밟아도 죽지 않고 되살아나는 강한 생명력을 가진 민들레에서 착안해 '(주)민들레누비'로 지었다. '민들레처럼 강한 생명력으로 좋은 일을 곳곳에 퍼뜨려 지역사회를 일으키고, 이주여성 등 취약계층에 도움을 주자.'는 각오도 새겼다.

이곳에는 베트남, 중국, 캄보디아 등 다양한 곳에서 온 10여 명의 결혼이주여성들이 근무하고 있다. 오전 9시부터 오후 6시까지 근무하고 일찍 퇴근해 자녀와 함께 시간을 보낼 수 있어서 직원 만족도가 높다. 더구나 제2의 고국이 된 한국의 전통문화를 계승하고 있다는 자부심도 컸다.

창업 1년째인 2011년 9월에는 경남도 예비사회적기업으로 지정되었고, 2013년 9월에는 정식 사회적기업이 되었다. 예비사회적기업으로 있었던 2년 동안에는 각각 최저 임금의 100%, 90%, 사회적기업으로 있었던 3년 동안에는 인건비의 90%, 80%, 70%를 지원받았다. 이러한 지원은 영속 가능한 기업으로의 토대를 닦는데 크게 도움이 되었다. 남는 자금으로 인터넷 홈페이지와 회사 로고를 만들었다. 최신 재봉틀과 같은 시설도 확충했다.

이 회사에서 만드는 누비제품은 여성용 가방과 파우치, 지갑, 실내화, 명함집, 필통, 덧신 등 다양하다. 꼼꼼하게 수작업으로 만들다 보니 시장에서 인기가 많아 자연스럽게 매출도 늘었다. 첫해 월 평균 1천2백만 원에 불과하던 매출이 2012년에는 1천5백만 원, 2013년에는 2천만 원을 넘었다.

(주)민들레누비는 이러한 지원을 토대로 홀로 설 수 있는 기반을 만들었다. 앞으로는 가방 디자인에 대한 아이디어를 개발하고 세계적인 브랜드로 성장할 수 있는 마케팅 전략을 펼칠 생각이다. 또 결혼이주여성이 분야 전문

가로 성장할 수 있도록 도와줄 수 있는 기업으로 도약할 준비를 하고 있다.

● **협동조합**

썬키스트는 1893년 미국 남부 캘리포니아의 오렌지 생산농가에서 중간 유통상에 대항하여 농민의 이익을 보호하기 위해 생겨난 협동조합이다. 당시 대륙횡단철도가 개통되면서 동부의 대도시로 신선한 과일을 손쉽게 유통할 수 있는 길이 열렸지만, 생산량과 물동량만 늘었을 뿐 농민들의 생활은 개선되지 못했다. 대형 유통상들의 횡포로 정당한 가격에 과일을 거래하지 못했고, 과일의 생산과 판매에서 나타나는 리스크를 농민들이 부담하는 불합리한 거래구조였다. 이에 대항하기 위해 캘리포니아 오렌지 생산 농가가 연합하여, 공동유통 및 공동마케팅을 위한 협동조합을 설립한 것이 썬키스트의 전신인 '남부 캘리포니아 과일거래소(Southern California Fruit Exchange)'다.

협동조합은 경제적 약자인 소비자, 소상공인, 소규모 생산자 등이 출자해 조합을 만들어 공동으로 운영하는 조직이다. 재화 또는 용역의 '구매 - 생산 - 판매 - 제공' 등을 함께하는 조직으로, 일반 영리법인이 주주의 이익을 극대화하는 것이 주목적이라면 협동조합은 조합원의 이익을 추구하는 것이 특징이다. 협동조합은 혼자는 하기 힘든 부분을 협업하면서 비용을 절감하고 시너지 효과를 높일 수 있는 장점이 있다. 소상공인이 단독으로 조직을 운영하기에는 비용도 많이 들고 대기업에 비해 경험이나 인적자원이 부족하기 때문에 경쟁에 취약할 수밖에 없다. 하지만 다양한 능력을 지닌 사람들이 각자의 경험을 살려서 공동의 영역을 넓혀간다면 경쟁력이 훨씬 더 커질 수 있다.

　협동조합은 조합원에 대한 서비스향상을 목표로 하며, 이용자가 곧 소유자라는 점에서 주식회사와 차이가 있다. 투자자들이 보유주식에 비례해서 의결권을 가지는 상법상의 주식회사와 달리, 출자액수와 관계없이 1인 1개의 의결권과 선거권을 가지는 것이 특징이다. 또한 창업자금 모금과 이윤분배에서도 커다란 차이가 있는데, 협동조합은 창업 시 한 푼이 아쉬운 상황이라도 한 조합원이 전체 출자금의 30% 이상을 출자하지 못한다. 이윤의 배분에 있어서도 출자금을 많이 낸 사람을 우선시하지 않고, 실제 필요에 따라 그 사업을 이용한 사람을 우선한다. 때문에 납입한 출자금에 대한 배당은 납입 출자금의 10% 이하로 제한되고, 이용실적에 대한 배당이 전체 배당의 50% 이상 되도록 규정하고 있다.

　2012년 12월 1일 협동조합기본법이 시행된 후부터는 공통의 목적을 가진 5인 이상의 사람이 모이면 금융과 보험을 제외한 모든 사업분야에서 협동조합을 만들 수 있게 되었다. 협동조합은 '일반협동조합'과 '사회적협동조합'으로 구분되는데, 일반협동조합은 조합원 공동의 필요를 충족하는 데 목적이 있고, 비영리법인격 조합인 사회적협동조합은 지역사회 재생, 주민권익 증진, 취약계층 사회서비스 등의 공익사업을 40% 이상 수행해야 한다.
　사업자협동조합은 일정 영역의 사업자들의 이익을 추구하기 위해서 만든 협동조합이다. 따라서 그 이익 잉여금은 조합원이 사업자의 이익을 위해서 사용한다.
　소비자협동조합은 소비자들이 힘을 모아 생산자와 협상해서 더 나은 가격으로 물건을 구매할 수 있도록 만든다. 물론 이마트를 비롯한 수많은 소매업체가 가격할인을 끌어내지만 협동조합은 할인으로 인한 혜택을 소비자에게 더 많이 남겨줄 수 있다. 주주에게 배당할 필요가 없기 때문이다. 만일 농약이 적은 신선한 식료품을 원한다면 이러한 상품을 취급하는 협동조합에 조합원으로 등록하고 검증된 상품을 구매하면 된다. 같은 소비자협동조합일지라도 조합원들이 저렴한 상품에 대한 요구가 있는지, 아니면 친환경 농법으로 재배된 안전한 상품에 대한 요구가 있는가(이 경우 가격은 일반 상품에 비해서 비쌀 수도 있다)의 차이는 있기 때문에, 이러한 요구를 충족하는 것이 바로 조합원의 이익을 충족시키는 활동일 것이다.

직원협동조합은 조합원이 직접 일하면서 직원으로 근무하는 협동조합의 형태를 말한다. 이익 잉여금은 직원의 급여에 반영하거나 또는 고용을 안정시키는 데 사용할 수 있다.

몬드라곤 협동조합은 스페인 내전 후 황폐화된 몬드라곤 시에 호세 아리에타(Jose Maria Arizmendiarrieta)신부가 세운 협동조합이다. 그는 그가 설립한 기술학교 졸업생들과 함께 1956년 작은 석유난로공장 울고(ulgor)를 설립했는데, 이것이 몬드라곤 협동조합의 모태가 된다. 지금 몬드라곤 협동조합은 8만5천 명의 조합원이 각자 균등한 출자금을 내어 설립한 111개의 협동조합으로 구성되어 있으며, 전기, 자동차, 철강, 공작 기계를 비롯하여 서비스, 유통, 금융, 교육 분야를 포함한다. 이는 스페인에서 7번째로 큰 기업이다.

세계적으로 금융위기가 몰아닥친 2008년 수많은 기업들이 파산하고 정리해고를 강행했지만 몬드라곤 협동조합은 단 한 명의 해고 없이, 오히려 1만 5천여 명의 신규 고용을 창출하며 안정적인 성장세를 이어가 세계의 주목을 받기도 하였다.

그러나 몬드라곤 협동조합의 모든 그룹사가 안정된 것이 아니었다. '다노나 가구'의 경우에는 경영에 어려움이 왔던 시기가 있었는데, 이때 직원을 해고한 것이 아니라 600명의 직원을 휴직시켰다. 그리고 휴직기간 동안 원래 받던 월급의 80%를 지급했다. 20%의 월급이 줄어든 것이 휴직자들이 겪는 유일한 불편함이었다. 휴직 1년 후에 복직하고, 또 다른 직원이 1년을 휴직하고 복직하는 일자리 공유 프로세스를 가지고 있다.

우리나라의 경우에도 다양한 형태의 협동조합이 있는데, 그중 대표적인 것이 '한국대리운전협동조합'일 것이다. 제1호 협동조합으로 알려진 대리운전협동조합의 조합원은 말할 것도 없이 대리운전 기사들이다. 이들은 대리운전 요금의 최고 30%까지 회사에 납부하고, 그와 별도로 대리운전 프로그램업체에 매달 1만5천 원의 이용요금을 지불하기 때문에 남는 수입이 별로 없었다. 그러던 것이 대리운전 기사들이 직접 협동조합을 운영하면서 과도한 수수료도 줄고, 처우도 개선되는 등 긍정적인 효과가 예상되고 있다.

● **마을기업**

마을기업이란 마을공동체에 기반을 둔 기업활동으로, 주민의 자발적인 참여와 협동적 관계망에 기초한다. 이는 주민의 욕구와 지역문제를 해결하여 마을공동체의 가치와 철학을 실현하는 마을단위의 기업이다. 적극적인 마을기업활동은 지역경제를 활성화시키고 더불어 지역주민에게 새로운 일자리를 제공하기 때문에 정부 및 지방자치단체별로 다양한 교육 및 지원프로그램을 운영하고 있다. 그렇기 때문에 50대에 새롭게 창업을 원하는 퇴직자들에게는 새로운 대안 중 하나다.

2015년 행정자치부 시행지침에 의거해 마을기업 지정기준을 살펴보면, 조직의 형태가 법인(민법에 따른 법인, 상법에 따른 회사, 협동조합, 영농조합)이거나 법인설립을 준비 중인 단체로 약정체결 전까지 법인설립이 완료되어야 한다. 출자자는 최소 5인이어야 하며, 출자자가 5명인 경우 모두 지역주민이어야 한다. 6인 이상 출자 시에는 지역주민 비율이 70% 이상이어야 한다. 또한 총 사업비의 10% 이상을 출자금(자부담)으로 확보해야 하고, 5인 이상이 각각 '마을기업 설립 전 교육'을 이수해야 한다.

이러한 절차를 거쳐 마을기업에 선정되면 1차년도 5천만 원, 2차년도 3천만 원의 자금을 지원한다. 다만 이는 행정자치부 기준이고 각 지자체별로 별도의 지원기준이 있으니 이에 대한 확인이 필요하다.

고향에서 자연과
함께 살리라

　농촌에서 태어난 한국의 베이비부머는 시골생활에 대한 향수를 가지고 있다. 최근 은퇴자들을 위한 전원마을이 많이 만들어지는 것도 바로 이런 향수를 반영한 것이다. 그중 귀에 많이 들리는 귀농(歸農)과 귀촌(歸村)은 비슷해 보이지만 내용면에서는 상당한 차이가 있다. 귀농은 도시생활을 그만두고 농사를 지으러 농촌으로 돌아간다는 말이고, 귀촌은 그냥 시골에서 생활한다는 개념이다. 귀촌은 생활에 필요한 소득 대부분을 영농 이외의 부분에서 조달하고, 텃밭에서는 필요한 야채를 자급하는 정도로만 농사를 짓는다.

　베이비부머의 퇴직과 더불어 귀농·귀촌 인구도 빠르게 늘어가고 있는데, 농림축산식품부의 통계에 따르면 2001년에 880가구에서 2010년 4,067가구, 2011년 10,503가구, 2012년 27,008가구, 2013년 32,424가구로 나타나 있으며, 가구당 평균 전입 세대원은 1.72명이라고 한다. 귀농·귀촌 가구주는

40대와 50대가 많으며, 가구주 평균 연령은 52.8세다. 과거에 농사를 지은 경험이 있든 없든 간에 노후생활 장소로 농촌을 선택하는 베이비붐 세대의 수는 앞으로도 늘어날 것으로 보인다.

귀농·귀촌은 '농사일'이라는 비즈니스면서 동시에 전원생활의 성격을 가지고 있다. 그래서 소일거리를 겸해서 농사를 짓는 가구들이 아주 많다. 귀농가구의 작물 재배면적은 0.5ha(1,513평) 미만 경작이 전체의 70%를 차지하고 있다. 농사경험이 없는 사람이라도 간단한 농업기술을 배워 실패확률이 낮은 농작물을 소소하게 재배하면, 소일거리도 찾고 생활비도 일부 조달할 수 있다. 그렇기에 제대로만 흘러간다면 이는 아주 훌륭한 노후생활 모델이 될 수 있다. 또한 농촌 젊은이의 이탈로 인구가 급감하고 있는 상황이라 해당 지방자치단체에서는 다양한 귀농·귀촌 지원정책을 마련해서 농촌의 활력을 되살리려 노력하고 있다.

하지만 귀농·귀촌은 사회적 이민(Social Immigration)이라고 할 만큼 개인의 삶에 커다란 변화를 주는 큰 사건이다. 거주지를 옮기는 단순한 이사가 아니라 생활양식, 일터, 환경 등 모든 분야에서 변화를 동반하는 중요한 결정이다. 특히 50대의 귀농·귀촌은 창업과 마찬가지로 모든 것을 다 거는(all-in) 투자이기 때문에 사전에 많은 준비가 필요하다.

김성환 씨(57세)는 아늑한 산자락에 지어진 2층 테라스가 있는 목조주택과 1,500평 규모의 널따란 텃밭을 보는 순간 '바로 이거다!' 하는 생각이 들었다. 인간이 가장 살기 좋다는 해발 700m. 천상의 화원으로 일컬어지는 강원도 백두대간 곰배령 근처고, 자동차로 40분이면 동해바다까지 갈 수 있으니 노후를 보내기에는 최고의 장소였다. 게다가 그 텃밭에 산마늘을 재배하면 연간 5천만 원 이상의 수입이 가능하다고 한다. 퇴직 전에 비하면 부족하지만 시골에서 생활하면 생활비도 적게 들 것이고 또 텃밭에 상추 등 부식을 재배하면 생활에도 많은 도움이 될 것 같았다. 평소 귀농에 부정적이던 부인도 청정 자연의 아름다움과 전원주택 생활이 싫지만은 않은 눈치였다.

평소 전원생활을 꿈꾸던 김성환 씨와는 다르게 부인은 퇴직 후 귀농에 대해서 부정적이었다. 남편은 초등학교 졸업 후 줄곧 대구에서 중·고등학교를 다녔고, 그 후로는 서울에서 직장생활을 했기 때문에 농사일은 전혀 모르는 사람이었다. 또 귀농하겠다는 곳이 남편 고향인 안동인데, 내일모레면 60세인데 뒤늦게 시댁과 엮이는 것도 싫었다. 계속 귀농하는 문제로 갈등을 벌이다가, 남편에게 "정 원하면 귀농은 하겠는데, 당신 고향으로 가는 것은 싫다."고 조건을 걸었다. 그 후로 김성환 씨는 주변 사람들로부터 좋다는 곳을 추천받고, 또 여행을 하다가도 좋은 곳이 있으면 현지 상황을 알아보는 등 다방면으로 지역을 탐색했다. 그러다가 이번에는 특용작물을 이용해서 귀농을 할 수 있다는 광고를 보고 현장답사를 온 것이다.

분양담당자는 경험이 없이 귀농하는 것은 위험하니, 현지 근처 산마늘 재배 농가에서 체험해보기를 권했다. 소개한 농가에서 일주일에 이틀씩 3개월간 체험해보니 일이 그렇게 힘든 것도 아니고, 또 수입도 짭짤해보였다. 그래도 혹시나 하는 마음에 계약을 주저하고 있는데, 담당자로부터 '전에 본 그 목조주택과 텃밭 자리를 다른 사람이 계약하려고 한다.'는 이야기를 전해 들었다. 남에게 뺏길 수 없다는 생각에 바로 계약을 했다.

계약서 도장을 찍고 잔금 치르던 날, 드디어 꿈에 그리던 전원생활이 시작된다는 생각으로 얼마나 행복했는지 모른다. 그곳이 천국인 것 같고, 57세가 돼서야 제대로 사는 맛을 느끼는 것 같기도 했다. '왜 진즉 이런 생각을 못 했을까?'하는 아쉬움까지 있었다. 하지만 기쁨도 잠시, 현실적인 어려움이 나타나기 시작했다.

전원생활을 시작하고 첫 겨울을 지내는데, 세상에 난방비가 한 달에 50만 원이 넘게 나오는 것이다. 시공에서 잘못된 것인지 단열처리가 제대로 되지 않았고, 주택이다 보니 아파트에 비해 열효율이 떨어지는 것이 사실이었다. 게다가 위치가 산 깊은 곳이라 추위도 빨리 시작되어서 이른 가을부터 늦은 봄까지 난방을 해야 했다. 뒤늦게 집안에서도 내복을 입고, 양말을 신고, 부부가 거주하는 방만 난방을 하고 다른 방은 난방을 끄는 등 난방비 아끼기 작전에 돌입했다. 그랬더니 난방을 하지 않은 2층 바닥 배관이 동파하여 물이 줄줄 새는 것이었다. 배관을 정비하느라 시간과 돈이 또 들었다. 그렇게 비싼 수업료를 내고 겨울을 지냈다.

산마늘 역시 문제였다. 작년에 한 구에 300원씩 지불하고 산마늘 종구를 심었는데 그렇게 정성을 기울였는데도 제대로 크지 않았다. 전에 실습했던 농가에 물어보았더니 귀찮아하는 반응만 보일 뿐 성의 있게 대답해주지도 않았다. 그러던 중 우연히 읍내에서 김성환 씨 부부가 '등신'으로 불리는 것을 알았다. 이유는 더 황당했다. 김성환 씨가 구입한 땅이 산마늘 재배에 적합하지 않은 땅이었던 것이다. 그곳에서 산마늘을 재배한다고 종구를 심고 물을 주면서 가꾸는 모습이 현지인 눈에는 얼마나 답답하게 보였을까?

게다가 더 큰 문제는 현지 주민과의 불협화음이었다. 평소 환경에 대해 관심이 많았던 김성환 씨의 눈에는 현지 주민이 농사를 지으면서 사용한 농업용 비닐을 주변에 마구 버리는 것과 밭두렁에서 태우는 모습이 너무나 보기 싫었다. 한번은 밭에서 비닐을 태우는 것을 보고 밭주인 할아버지와 언쟁까지 벌인 적이 있다. 이렇게 되니 좁은 지역사회에서 잘난척하는 사람으로 찍히고 말았다.

게다가 현지로 이사 온 초기에 도시에 사는 가까운 친구들을 초대해서 바비큐파티를 하고는 했는데, 동네사람에게는 이것이 '멋진 집을 짓고 매일 도시사람을 불러 먹고 노는 집'으로 보인 것이다. 이렇다 보니 자연스럽게 지역주민들과 멀어지게 되었다. 농번기에 사람을 구할 때도 할머니들이 다른 집 날품팔이는 다 하면서 김성한 씨 집에서는 일하지 않았고, 어쩔 수 없이 시내 인력시장에서 비싼 비용을 들여 사람을 써야만 했다.

결국 4년 만에 현지 생활을 접기로 했다. 하지만 살던 집과 텃밭을 팔려고 해도, 덩치가 너무 크다 보니 구매자가 나타나지 않았다. 결국 빈집으로 남겨두고 다시 서울로 돌아오게 되었다.

● **어디로 갈 것인가?**

귀농·귀촌을 결심했다면, 지역을 결정하는 것이 가장 중요하다. 지역은 분명한 목적에 따라서 결정한다. 어떤 사람은 순수하게 농업으로 성공하려고 할 것이고, 어떤 사람은 농산물을 상품화하는 것이 목적일 것이다. 또 어떤 사람은 농업에서 얻는 소득보다는 농촌의 삶의 방식에 더 가치를 둔 귀촌자도 있을 것이다. 부부가 함께 귀농·귀촌을 단행하는 경우도 있을 것이고, 여러 가지 사정으로 남편이 먼저 농촌생활을 시작하고 나중에 가족이 합류하는 경우도 있을 것이다. 건강상의 문제로 병원이 가까워야 하는 경우 등 다양한 사정이 있으니 이에 맞추어 지역을 결정한다.

　가장 중요한 것은 무턱대고 성급하게 결정하는 것보다 시간을 두고 여러 가지 부분을 검토해본 후에 선택해야 한다는 것이다. 귀농·귀촌 지역은 한번 선택하여 정착하면 바꾸기가 어려우므로 제대로 판단하는 것이 후회하지 않는 지름길이다.

　우선 귀농·귀촌할 지역을 좁히는 것이 좋다. 목적에 맞춰서 구체적인 체크리스트를 만들어 해당 지역 지자체의 홈페이지를 통해 대략적으로 파악한다. 이때 100% 홈페이지 정보에 의존하면 안 되고, 해당 군청에 문의하는 것이 좋다. 예산이 지원되는지, 농업인 교육은 어떻게 이루어지는지, 그리고 빈집은 얼마나 있는지 등 실질적인 정보를 확인한다. 또 해당 지역 귀농·귀촌 지원센터와 면사무소를 방문해서 전문가의 도움을 받는 것이 좋다. 마지막으로 해당 지역 이장이나 아니면 근방에 살았던 지인의 도움을 이용하는 것도 중요하다.

　지역을 멀리서 찾는 것보다 익숙한 고향을 선택하는 것도 좋은 방법이다. 낯선 곳에서 새로운 이웃과 힘들게 사귀는 것보다는 아는 이들이 있는 곳으로 가는 것이 편할 수도 있다. 고향은 어렵고 복잡한 과정 없이 내려가자마자 마을의 구성원으로 자리 잡을 수 있다는 점이 큰 장점이다. 지리적 환경이나 문화적인 특성도 익숙하므로 정착하기가 훨씬 수월하다.

　원래 고향이 도시이거나 주변에서 지역을 찾는 것이 수월치 않다면 귀농실습교육을 받았던 선도농가가 있는 지역을 선택하는 것도 좋은 방법이다. 귀농·귀촌한 도시 사람의 고충은 먼저 귀농·귀촌한 선배들이 가장 잘 안다. 이러한 조언자를 곁에 두고 필요할 때 도움을 받으면 정착하는데 이로운 점이 많다.

 귀농·귀촌인 공동체에 합류하는 것도 좋은 방법이다. 상주, 괴산, 홍성 등이 대표적인 지역인데, 이런 마을로 가면 더 많은 귀농·귀촌인과 소통할 수 있고 작목반을 꾸며 공동판매도 할 수 있다.

● 집과 농지는 언제 구입할 것인가?

 필자는 항상 여름휴가를 남양주 수동에 있는 선배 집에서 보낸다. 축령산 자락의 계곡 근처에 있는 이층집인데, 정원이 있고 옆에는 바비큐 시설이 꾸며져 있다. 선배 집을 통해서 계곡으로 올라갈 수 있고, 집 앞에는 개울이 흐르고 있다. 양옆에는 펜션이 들어서 있는 아주 멋진 곳이다. 선배는 이 집을 구매하지 않고 월세로 살고 있다. 과거 전원주택 붐이 일었을 때 현재 집주인이 구매한 주택인데 막상 들어가 살려고 보니 여의치 않았다고 한다. 빈집으로 두면 집이 망가지니 아주 저렴한 비용에 입주해 집을 관리하면서 살 사람을 찾게 되었고, 서울에서 생활하던 선배가 10여 년 전에 그곳에 들어가 살게 되었다. 이 지역에는 이런 주택들이 꽤 많다고 한다. 처음에는 서먹하였으나 이제는 지역주민과 교류도 잦아졌고, 지역 커뮤니티 일원이 되었다. 주민에게 신뢰를 쌓은 선배는 얼마 전 위치가 좋은 대지를 소개받아 아주 저렴하게 구입했다고 한다. 부동산 가격은 지역 주민이 거래하는 가격과 외지인과 거래하는 가격의 차이가 크다. 저렴한 값에 대지를 얻은 선배는 지금 그곳에 자신의 집을 지으려고 준비하고 있다.

 귀농·귀촌 전문가들은 농지를 많이 구입하는 것과 집을 크게 짓는 것을 조심하라고 입을 모아 말한다. 전 재산을 투자해서 농지를 구입하고 집을 지었는데, 만일 해당 지역이 나와 맞지 않으면 어떻게 할 것인가? 이러한 위험 때문에 농지를 구입하는 것보다는 위탁 영농을 하고, 집을 짓기보다는 농막을 이용하거나 아니면 면 소재지에서 집을 빌려 해당 농지로 출퇴근하면서 영농활동을 할 것을 추천한다. 일단 귀농활동을 하면서 천천히 가격이 싼 농가나 폐 농가를 알아보면서 자신에게 맞는 농지를 알아보는 것이 실패확률을 낮출 수 있다.

귀농귀촌종합센터 홈페이지(www.returnfarm.com)를 방문하면 각 지역별로 빈집에 대한 정보가 실시간으로 안내되어 있다.

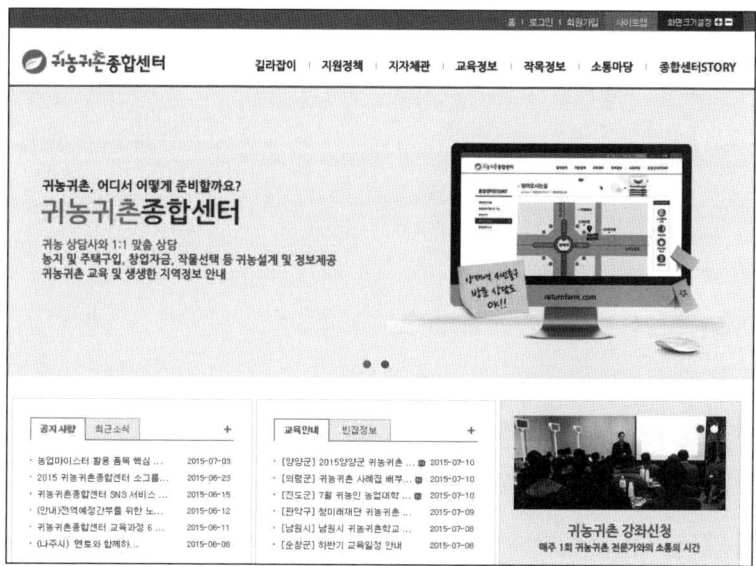

이렇게 시간을 두고 살펴본 결과 해당 지역이 자신이 생각했던 것과 일치한다는 판단이 들면 농지와 주택을 마련한다. 이때 귀농·귀촌인의 안정적인 초기정착을 위해 정부에서 마련한 농업창업 및 주택구입지원사업을 활용하면 성공적인 정착에 도움이 된다.

이 사업은 농협자금을 활용하고 정부에서 이자차액을 보조하는 이차보전사업으로 농지 구입, 비닐하우스 유리온실 설치, 묘목 및 종근 구입, 농기계 구입 등 최대 3억 원까지 지원한다. 농가주택 구입 및 신축의 경우 최대 5천만 원까지 지원된다. 2015년 기준으로 농업창업자금은 금리 2%, 5년 거치 10년 분할상환의 조건이며, 주택구입 및 신축자금은 금리 2%~2.7%(만 65세 이상은 2%), 5년 거치 10년 분할상환의 조건으로 지원된다. 대상은 사업신청일 전에 농어촌으로 이주하여 실제 거주하면서 농업에 종사하고 있거나 하려는 사람으로 농어촌 전입일을 기준으로 1년 이상 농어촌 이외의 지역에서 거주한 사람이어야 하며, 100시간 이상 교육을 필수적으로 이수해야 한다.

● **귀농·귀촌 교육 충분히 활용하기**

흔히 귀농·귀촌을 인생 2막이라고 부른다. 그 전과 후가 전혀 다른 삶이기 때문이다. 결정했어도 막막하고 두려운 마음은 떨칠 수 없다. 새로운 삶을 성공적으로 살기 위해서 필요한 것은 바로 공부다. 귀농·귀촌 선배들이 입을 모아 강조하는 것은 바로 사전공부다. 다행스럽게도 귀농귀촌종합센터(www.returnfarm.com)를 통하면 전국 각지에서 열리는 귀농·귀촌 교육정보를 한눈에 알아볼 수 있다. 또한 농업인력포털(www.agriedu.net)에서는 귀농·귀촌 준비 및 실행에 필요한 품목기술교육부터 기초마인드교육까지 다양한 온라인교육을 수강할 수 있다.

농림수산식품부의 자료에 따르면 귀농 후 1년도 채 되지 않아 도시로 돌아오는 사람들이 5%에 달하는데, 충분한 사전교육을 받지 않은 것이 실패원인 중 하나라는 분석이 나왔다. 충분히 준비하지 않은 채로 서둘러 귀농·귀촌을 하면 실패를 반복적으로 경험하고, 결국 초기정착에 실패하게 된다.

전국적으로 다양한 귀농·귀촌 교육과정이 개설되어 있는데, 2015년 농림축산식품부가 지원예정인 오프라인 교육과정은 42개며, 총 37개 기관에서 진행한다. 여기에는 귀농기초 10개 과정, 귀농중급 16개 과정, 귀농심화 4개 과정, 귀촌생활 12개 과정이 준비되어 있다.

귀농기초과정은 당일교육과 주말을 이용한 1박2일 합숙교육으로 구성되며 과정에 따라 50~100시간 정도로 이루어진다. 농촌생활의 이해와 기본적인 귀농철학, 지역주민과의 소통, 선배와의 대화, 현장탐방, 정부의 귀농귀촌정책 등 다양한 지역에서 맞춤형 귀농·귀촌교육이 운영되고 있다.

귀농중급과정은 과수, 축산, 원예, 약용작물 등 구체적인 품목에 대한 정보를 제공하고 농장실습, 잡초의 종류와 방제실습, 지역민 융화갈등관리, 선도농가 우수사례, 토양관리이론, 친환경 재배실습 등 귀농생활에 필요한 현실적인 정보를 제공한다. 주말학습, 2개월 합숙, 당일교육과 주말학습 혼합 등 다양한 형태의 교육이 준비되어 있으며, 교육시간도 50시간에서 336시간까지 과정에 따라 차이가 있다. 과정을 보고 스스로에게 맞는 교육을 선택하면 된다.

귀농심화과정은 버섯, 친환경 복합영농, 과수, 약용작물 등 구체적인 품목에 대한 심도 깊은 영농교육과정이다. 교육시간은 100~467시간까지 다양하게 구성되어 있다.

귀촌생활과정은 귀농과 귀촌의 차이에 대한 이해와 농촌지역의 다양한 일자리 정보, 전원생활 준비, 친환경 전원주택 이해, 집짓기 공구 실습, 황토 구들방 만들기, 귀농·귀촌 성공사례 등 구체적인 귀촌에 대한 정보를 제공한다. 15시간에서 100시간까지 다양한 교육이 준비되어 있다.

귀농·귀촌을 실행하기 전에 100시간 교육은 기본으로 받아야 하는데, 이 교육을 이수해야만 농업창업 및 주택구입 자금을 지원받을 자격이 생긴다. 교육비 가운데 70~80% 가량을 정부에서 지원하기 때문에 자부담도 크지 않다. 귀농·귀촌의 멘토는 멘티에게 적어도 200시간 이상 교육을 받고 귀농·귀촌에 나서라고 당부하고 있다. 그리고 이 교육은 가능하면 희망하는 지역에 가서 받는 것이 좋다. 해당 지역의 관공서 직원을 미리 만나 정책을 자세히 파악할 수 있고, 이미 해당지역에 귀농한 선배들과 사전교류를 틀 수 있기 때문이다. 이러한 교육과정을 통해서 단순한 지식이나 이론의 습득에 그치는 것이 아니라 사전에 든든한 인적 네트워크를 구축해 놓으면, 귀농·귀촌 후 발생하는 문제에 적극적으로 대처할 수 있다.

●귀농·귀촌 지원정책 이용하기

귀농·귀촌을 실행할 때 정부정책의 지원을 받으면 아무래도 힘도 덜 들고, 비용부담을 낮출 수 있어 성공적인 정착의 가능성을 높일 수 있다. 현재의 귀농·귀촌 지원정책은 정부가 큰 흐름의 정책을 마련하면, 지역별로 귀농·귀촌센터를 두고 실행하는 단계를 거친다. 지역특성에 따라서 도시민 유치에 더 적극적인 곳은 혜택을 확대하는가 하면, 관심이 부족해서 지원이 원활하지 않은 지자체도 있다. 따라서 원하는 지역의 귀농·귀촌센터와 면사무소 등을 방문해서 실질적으로 받을 수 있는 지원내용을 확인하는 것이 좋다.

● **귀농귀촌종합센터**

귀농귀촌종합센터는 기존에 정부, 지자체, 농촌진흥청, 농어촌공사, 농협, 귀농·귀촌 교육기관 등에서 각 기관의 고유임무 중심으로만 정보를 제공하고 수행하던 것을, 각 기관이 합동근무하면서 모든 자료를 모아 통합서비스를 제공하는 귀농·귀촌 종합지원기관이다.

귀농귀촌종합센터에는 다음과 같은 활동을 한다.
① 귀농·귀촌 상담: 방문상담/전화상담(1899-9097)/인터넷상담
② 귀농설계컨설팅
③ 1:1 맞춤형 귀농 닥터 상담 지원
④ 귀농·귀촌 창업박람회 등 귀농·지촌 지원사업 홍보
⑤ 전문가(귀농 선배)와의 통한 소통의 기회 제공

귀농귀촌종합센터(www.returnfarm.com)에서 [지자체관]을 클릭한 후 자신이 원하는 지역을 찾아볼 수 있다.

● **체류형 농업창업지원센터**

체류형 농업창업지원센터는 귀농을 희망하는 예비농업인에게 1년간 가족과 함께 체류하면서 농촌을 이해하고 적응할 수 있도록 지원한다. 농업창업실습 및 교육과 체험을 할 수 있도록 도와주는 프로그램이다. 시·군에서 타운 형태로 창업지원센터를 조성하여 도시민 또는 귀농 실행단계 예비농업인에게 중기단위(1~2년)로 거주지를 제공하고 창업실습 및 교육에 필요한 시설을 지원한다. 사업으로 창업지원센터 내에 이들을 지원할 전담조직 및 인원을 배치하고 있다.

창업지원센터 내에는 주거공간(통나무집, 황토집), 교육시설(세미나실, 상담실 등)과 더불어 세대별 텃밭, 공동 실습농장(과수원, 시설하우스 등), 공동 퇴비장, 공동 자재보관소 등이 준비되어 있다. 이것을 활용하여 직접 농작물을 재배하며 포장과 마케팅 등을 체험할 수 있다. 2015년 현재 경북 영주시·영천시, 강원 홍천군, 충북 제천시, 전남 구례군, 전북 고창군 등 총 6개 지역에서 운영되고 있다.

● **선도농가 실습지원**

귀농인에게 영농기술 및 품질관리, 경영, 마케팅 등에 필요한 단계별 현장실습교육을 제공해 안정적으로 정착할 수 있도록 시행하는 사업이다. 해당 지역에서 선정된 경험이 풍부한 신지식농업인, 전업농 및 창업농업경영인, 성공귀농인, 선도농업인, 농업법인, 농식품부 지정 현장실습교육장 등에서 현장실습교육을 받게 한다.

지원자격은 최근 5년 이내 해당 지역으로 이주한 귀농인이며, 연수지원대상자는 월 80만 원씩의 교육비를 지원받을 수 있다.

● **귀농인의 집**

　귀농·귀촌 희망자가 거주지나 영농기반을 마련할 때까지 임시로 거주하거나, 일정 기간 영농기술을 배우고 농촌체험 후 귀농할 수 있게 임시거처를 제공하는 사업이다. 입주비용은 월 10~20만 원 또는 하루 1~2만 원만 부담하면 된다. 입주기간은 6개월~1년까지 지역별로 차이가 있으며 현재 전국 39개 시·군, 132개소가 운영 중이다.

● **50대 아빠의 귀농·귀촌 성공 10계명**

　① **절대 서두르지 말자.** 농지를 알아보고 농기계를 구입하고, 농장시설을 갖추는 것은 시작에 불과하다. 기초 농업기술과 더불어 경영 역량도 익히고 판로도 개척해야 한다. 이 모든 것은 시간이 필요하다. 절대 급하게 서두르지 말자. 귀농·귀촌은 준비기간이 길면 길수록 성공확률이 그만큼 높아진다. 귀농을 결심한 후 가장 먼저 준비해야 할 것은 농촌생활을 자주 경험하는 일이다. 적어도 3년 이상 준비하자.

　② **여유자금을 마련하고 씀씀이를 줄여라.** 얼마나 이익을 남기느냐가 중요하겠지만 초보 귀농자들이 시골생활 처음부터 손에 돈을 쥐기란 쉬운 일이 아니다. 농업은 다양한 위험요소들이 있다. 평생을 농업에 종사한 전업 농부들도 '흙의 결'을 아직도 모르겠다고 한다. 즉, 이 땅에 어떤 작물이 최적인지를 모르겠다는 이야기이다. 처음 몇 년은 실패할 수도 있다. 이를 감내할 수 있는 여유자금이 필요하다. 적게 벌고, 적게 쓰면서 건강하게 사는 것

이 귀촌에 성공하는 방법이다.

　③ 작게 시작하라. 처음부터 거대한 시설을 갖추고 농기계를 갖추는 것은 위험하다. 주요 영농기자재는 마을이나 시·군·읍·면사무소에서 공동으로 사용하는 것을 빌리면 된다. 작게 시작하면 위험도 작고, 설사 실패하더라도 쉽게 다시 일어설 수 있다.

　④ 마을 머슴이 되자. 마을 주민들에게 성실한 사람, 마을에 꼭 필요한 사람으로 인정받아야 한다. 마을 행사나 모임에 반드시 참여하고 마을 일에 솔선수범하는 모습을 보여야 한다. 혹시 마을에서 내게 어떤 역할을 맡기면 무조건 해라.

　⑤ 많은 후원자들을 만들라. 귀농인들이 가장 목말라하는 것은 정보다. 행정기관, 귀농선배들과의 유대관계를 통해 영농정보를 얻고, 작목반 등 영농활동과 관련된 전문분야의 사람들과 인간관계를 형성하라. 귀농 2년차인 오용환 씨는 평소 면사무소를 자주 가라는 이야기를 듣고 마지못해 방문한 면사무소에서 대박이 터졌다. 귀농 이듬해 가장 고민거리인 농기계 구매를 앞두고 면사무소에서 상의한 결과 단돈 100만 원으로 최신 관리기를 비롯해 탈곡기, 파종기, 예취기 등을 마련할 수 있었다. 또한 농지 구입비, 축사 신축비 등에 대해서도 아주 적절한 지원을 받을 수 있었다.

　⑥ 시장을 먼저 생각하라. 어디에 어떻게 팔 것인가를 충분히 고려한 후 작물을 선택하고, 시장상황이 아니다 싶으면 과감히 작물을 전환하는 용기도 필요하다. 이런 경우 귀농하는 지역의 가장 대표적인 작물을 선택하면 된다. 예를 들어 경상도 성주지역은 참외가 유명하다. 만일 성주로 귀농하면서 참외를 선택한다면 성주 농협 등에서 생산된 참외를 한꺼번에 수매할 것

이고, 기존의 판로를 이용할 수 있다.

⑦ **주말농장으로 기본기를 다져라.** 막상 시골로 내려가 농사를 지으면 귀농·귀촌자가 가장 절실히 느끼는 것은 생각보다 농사가 고되고 힘들다는 점이다. 농사는 도시생활처럼 출퇴근도 없고 경우에 따라 주말에도 일해야 한다. 겨울 농한기를 제외하고는 1년 중 9~10개월 이상을 땀 흘려가며 일해야 한다. 농촌일손돕기와 농장체험으로 영농을 먼저 경험한 뒤 1~2년 후부터 본격적으로 주말농장을 가꿔가며 귀농을 준비하는 것이 좋다.

⑧ **반드시 사전에 가족의 동의를 구하라.** 귀농·귀촌 전에 가족 구성원 전체의 동의를 구하지 못하면 귀농·귀촌의 꿈은 물거품이 된다. 특히 부인의 동의가 절실하다.

⑨ **무조건 귀농·귀촌 교육을 받아라.** 귀농·귀촌과 관련된 다양한 교육프로그램이 있고, 또 경우에 따라서는 100시간 이상 교육을 이수해야 관련된 자금이 지원된다. 모르면 독(毒), 아는 게 힘이다. 무조건 배워라.

⑩ **끊임없이 노력하라.** 귀농 초기에는 많은 도움을 받을 수 있지만 어느 정도 수준에 오르면 그 이상의 기술은 아무도 알려주지 않는다. 끊임없이 연구하고 노력하는 사람만이 생존할 수 있다.

chapter 05

정글에서 슈바이처가 되다

누구보다도 역동적인 삶을 살아온 50대 아빠는 자신이 받은 것을 사회에 환원하려는 욕구를 갖고 있다. 자원봉사활동이 직업과 연계되면 사회적으로도 큰 의미를 가진다. 최근 소정의 대가를 받으며 개인적으로 의미 있고 사회적으로 영향을 끼칠 수 있는 일을 하는 앙코르커리어가 새로운 경향으로 나타나고 있다.

슈바이처 효과

　자원봉사활동의 기본적인 의미는 '스스로 원해서 경제적인 대가 없이 남을 위해 재화나 용역을 제공하는 행위'라고 한다. 2013년 한국의 사회지표에 따르면 우리나라 국민의 자원봉사 참여 비율은 19.9%로 나타났다.

　많은 베이비부머가 다음과 같이 이야기한다. "사회에서 우리를 바라보는 시선이 부담스럽다. 왜 우리에게 일하라고 하거나 사회에 기여하라고 압력을 가하는가? 우리는 우리가 고민해서 선택하려고 노력하고 있다. 물론 경제적으로나 사회적으로 혼란스럽기는 하지만, 항상 열심히 살았고 부끄럽지 않은 삶을 살았다. 경제발전의 주역이었으며, 외환위기와 글로벌금융위기로 가장 많은 타격을 받기도 했다. 사회적으로 많은 혜택을 받았기에 지금의 젊은이들을 보면 안쓰럽고 미안하기도 하다. 내가 받은 것을 어떤 방식이든 사회에 돌려주어야 한다고 생각한다. 다만 방법을 잘 모르겠다. 그

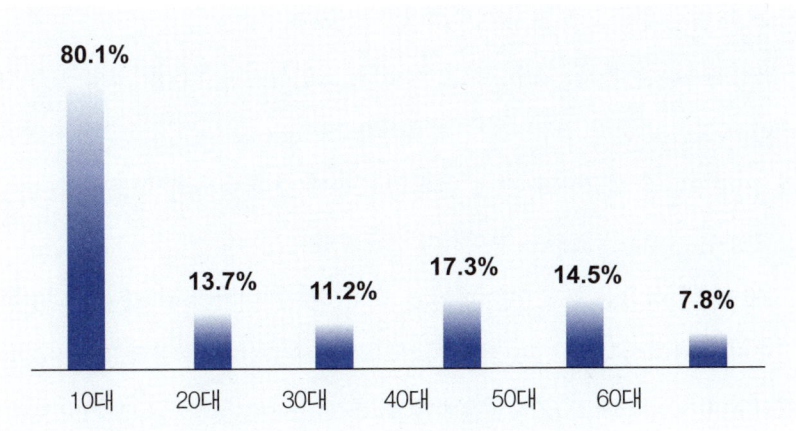

[연령대별 자원봉사 참여비율(2013년, 통계청)]

방법을 찾도록 누군가 도와주었으면 좋겠다. 우리는 이제 끝이 아니라 새로운 시작을 준비하고 있다."

실제 많은 50대 아빠가 NGO, NPO, 사회단체, 사회공헌활동으로 다양한 자원봉사활동과 사회참여활동을 하고 있다.

● **경기도5563새출발프로젝트**

경기도에는 경기도에 거주하는 베이비붐 세대의 행복한 노후준비를 지원하는 '경기도5563새출발프로젝트'가 있다. 이 사업의 하나로 2013년부터 '찾아가는 노인 맞춤형 평생교육지원사업'을 보건복지부와 함께 시행하고 있다.

사업내용은 노후프로그램 전문가를 퇴직한 베이비붐 세대를 대상으로 선발해서 노인의 평생교육사업에 투입하는 것이다. 베이비붐 세대의 퇴직자들을 교육 및 양성한 후 경기도 내 31개 시·군에 있는 노인 관련 기관에 파견하여, 노년층에게 노후 연계 프로그램을 제공한다.

양성된 노후전문가는 2인 1조로 경로당, 노인복지관, 시니어클럽 등 노인 관련 시설을 방문해 건강, 여가, 가족관계, 일자리 등 노후프로그램을 상담과 강의 형태로 제공한다. 또 노년에 주의해야 할 금융사기, 방문판매, 보이스피싱 등 경제프로그램도 상세하게 안내한다.

2013년 참여자를 모집했을 때 많은 베이비붐 세대가 지원했는데, 다양한 경력의 사람들이 최종 선발되어 자신의 경력에 맞는 노후프로그램 강좌를 개설했다. 소방관으로 공직생활했던 최 선생님(61세)은 노인을 대상으로 한 안전교육프로그램을 개발했는데, 이 강의는 경로당에 비치된 소화기를 들고 시작된다. 전직 음악선생님인 오 선생님(55세)은 흥겨운 노래로 강의의 문을 연다. 먼저 자신이 노래를 한곡 부르고, 익숙한 가곡들을 함께 부르면서 그 곡에 대한 설명을 하다 보면 금방 한 시간이 지나간다.

벤처기업을 운영했던 김 선생님(56세)은 건강이 크게 나빠져서 사업을 정리하고, 병원 치료와 더불어 식생활과 건강식으로 건강을 회복했다. 김 선생님은 이런 경험을 살려 어떻게 건강을 되찾았으며, 지금 어떻게 관리하고 있는지를 강의한다. 은행지점장 출신인 변 선생님(58세)은 보이스피싱 예방법과 건전한 소비방법, 건강보조식품을 잘못 구입했을 때 구제방법 등에 대해서 강의한다. 또 보이스피싱 등의 어려운 일을 당한 사람의 연락을 받으면 때와 장소를 가리지 않고 방문해 구제할 수 있는 방법들을 안내한다.

● **봉사활동의 호혜성**

많은 50대 아빠가 봉사활동을 하고 있고, 또 기회가 되면 참여하려는 의지를 가지고 있다. 그런데 자원봉사활동은 자선활동과는 차이가 있다. 자선활동은 제공자가 수혜자에게 일방적으로 베푸는 수직적인 관계이지만 자원봉사활동은 제공자와 수혜자 사이에 서로 교류하는 수평적이고 호혜적인 관계다.

광주에 거주하는 진성관 씨(59세)는 직업군인으로 평생 복무했으며 부사관으로 전역했다. 그는 등산에 재미를 붙여 눈이 오나 비가 오나 거르지 않고 매일 산에 오른다. 어느 날 평소처럼 산을 걷고 있는데 그날따라 등산로 주변에 버려진 귤껍질과 껌 종이가 눈에 띄는 것이다. 다음날부터 등산용 스틱 대신 집게와 비닐봉지를 준비해서 다니는 등산로 주변의 쓰레기를 주워 담았다. 봉지에 담은 쓰레기는 하산 후 쓰레기통에 버렸다. 중요한 것은 이러한 행동이 하루 이틀에 그친 것이 아니라는 점이다. 그 후 진성관 씨는 몇 년째 버릇처럼 쓰레기를 줍는다. 진성관 씨가 다니는 산을 오랫동안 이용한 사람은 대부분 진성관 씨가 어떤 일을 하는지 알게 되었고, 산에서 마주치면 진정어린 마음으로 "아이고, 오늘도 수고가 많으십니다!"라며 인사한다. 진성관 씨는 이러한 인사를 받을 때마다 뿌듯함을 감출 수가 없다. 이 또한 산을 다니는 즐거움 중에 하나다. 물론 진성관 씨가 사람들의 감사를 기대하고 시작한 일은 아니었지만 바로 이런 것이 봉사활동이 주는 호혜성이라고 할 수 있다.

봉사활동의 호혜성은 심리적인 부분뿐만 아니라 실제 몸의 생리적 기능에도 영향을 끼친다.

1998년 미국 하버드대학교 의과대학에서 재미있는 실험을 했다. 학생을 두 그룹으로 나누어 한 그룹 학생에게는 대가를 받는 노동을 하게 했고, 다른 그룹 학생에게는 남을 돕는 봉사활동을 하게 했다. 그리고 두 그룹 학생의 면역기능을 검사했더니 봉사활동그룹의 학생이 면역효과가 월등하게 높은 것으로 나타났다. 이를 마더테레사효과(The Mother Teresa Effect)라고 하는데, 직접 남을 위해 봉사활동하거나 그것을 보기만 해도 인체의 면역기능이 크게 향상되는 것을 말한다. 다른 말로 슈바이처효과라고도 한다.

사람의 침에는 면역항체인 'Ig A'가 들어 있는데, 근심이나 긴장상태가 지속되면 침이 말라 이 항체가 줄어든다. 연구를 주관한 대학교수는 실험 전에 학생들의 'Ig A' 수치를 조사하여 기록한 뒤, 마더테레사의 일대기를 그린 영화를 보여주고 'Ig A' 수치가 어떻게 변화했는지를 비교분석했다. 그 결과 'Ig A' 수치가 실험 전보다 높게 나타났으며 이 효과에 봉사와 사랑을 베풀며 일생을 보낸 테레사 수녀의 이름을 붙였다.

실제로 남을 도우면 느끼게 되는 최고조에 이른 기분, '헬퍼스하이(Helper's High)'라는 말이 있다. 이는 미국의사 앨런 룩스가 그의 책 『선행의 치유력』에서 언급한 용어로, 마라토너들이 30분 이상 달리기를 지속했을 때 찾아오는 최고의 기분 러너스하이(Runners' High)에서 따온 말이다. 러너스하이는 뇌에서 분비되는 엔도르핀이 그 이유로 추정되고 있다. 남을 돕는 봉사를 하면 거의 모든 경우 심리적 포만감인 '하이' 상태가 며칠 또는 몇 주 동안 지속된다. 의학적으로도 혈압과 콜레스테롤 수치가 현저히 낮아지고 엔도르핀이 정상치의 3배 이상 분비되어 몸과 마음에 활력이 넘친다고 한다.

● 앙코르커리어

최근 미국에서는 '앙코르커리어'라는 새로운 경향이 나타나고 있다. '앙코르커리어'는 미국의 비영리단체인 시빅벤처스(Civic Ventures)가 정의한 용어로, 이곳의 설립자이며 CEO인 마크 프리드먼(Mark Friedman)이 『앙코르』라는 책에 이 개념을 소개했다. 그 의미를 살펴보면 '인생 2막에서 자신의 경력을 바탕으로 소정의 대가를 받으며, 개인적으로 의미 있고 사회에 영향력을 미칠 수 있는 일을 하는 사람들'을 뜻한다. 실제로 미국의 퇴직자는 퇴직 후 전형적인 두 가지 생활모습을 보였다. 골프와 같은 운동으로 하루를 보내거나, 도시에서 떨어진 전원에서 숙박시설을 운영하는 것이다.

하지만 퇴직 후 '일로부터의 해방'을 꿈꾸며 단조로운 삶을 살던 과거의 장년층과는 다르게 요즘은 퇴직 후 '일을 통한 자유'를 꿈꾼다. 좀 더 활발하고 진취적인 삶을 추구하는 것이다. 일례로 미국의 많은 퇴직자가 사회봉사활동과 같은 의미 있는 일을 하면서 임금을 받는 것으로 나타났으며, 현재 활동하고 있지 않은 사람 가운데 절반에 가까운 사람들도 교육, 보건, 정부 그리고 비영리분야에 종사하고 싶다는 의사를 밝히고 있다.

마크 프리드먼은 이 책에서 앙코르커리어에 종사하고 있는 다양한 미국 은퇴자를 소개하고 있다. 벨마 심슨(Belma Simpson)은 연간 10만 달러 이상의 수입을 올린 보험설계사로 활동하다 52세에 하고 싶은 일을 찾기 시작했고, 평소 관심 있었던 가정폭력과 노숙자 문제를 다루는 직종인 미연방 주택도시개발부 노숙자지원부서에서 활동하고 있다.

베트남전에 참전했던 로버트 체임버스(Robert Chambers)는 제대 후 컴퓨터와 관련된 일을 하다 1990년대 중반부터 자동차 영업을 했다. 그는 개인 신용등급이 낮은 저소득층 서민이 은행에서 매우 높은 금리를 적용받는다는 사실에 주목했다. 그리고 뉴햄프셔의 시골에서 어렵게 사는 사람들에게 금리가 낮은 대출로 연비가 좋은 자동차를 공급하는 목적으로 사회적 기업 바니클락을 설립하여 운영하고 있다.

에드 스피들링(Ed Speedling)은 의과대학과 대학병원에서 일하면서 박사학위를 취득했고 책을 출간한 의료보건 전문가다. 그 분야에서 경력이 가장 화려하고 풍요로웠던 50대 후반이 되었을 때, 자신이 속절없이 세월만 보내고 있다는 판단이 들었다. 그는 아내의 후원 아래, 가난한 사람들과 함께하고 사회적 약자를 돕고 싶은 평소의 열망을 충족할 곳을 찾게 되었다. 많은 시행착오를 거친 끝에 그는 지금 노숙인의 발생을 막고 대책을 마련하는 노숙인 지원센터의 대변인으로 활동하고 있다.

미국에서 앙코르커리어에 종사하고 있는 퇴직자 중 60% 이상이 51~62세이며, 대부분 고등교육을 받은 전직 전문직 및 사무직 종사자다. 그리고 70% 이상이 도시 및 도시 근교에 거주한다는 공통점이 있다. 미국의 중장년층이 앙코르커리어에 종사하게 된 가장 주된 이유는 활동적이고 생산적이며 도전적인 삶을 살고 싶어 하는 열망 때문이다.

우리나라 베이비부머도 마찬가지 욕구를 가지고 있다. 7080세대인 이들은 어느 세대보다 역동적인 삶을 살았다. 연 10% 이상의 고도 경제성장을 이루며, 단군 이래 최대의 호황이었던 80년대 경기활황의 물질적인 풍요도 누렸다. 또한 민주화를 이루어낸 주체로서 역동적인 성향을 가지고 있다. 한 민간연구소의 조사에 따르면 우리나라 50세 이상 장·노년층의 80% 이상이 근로를 희망하고 있으며, 퇴직 후 일하고 싶은 이유 중 경제적인 이유가 30%인 반면 70%는 건강, 능력, 지식활용, 삶의 의미와 보람을 느끼기 위해서라고 대답했다.

정부에서는 이러한 베이비부머들의 욕구를 반영해서 사회공헌활동과 연계된 다양한 지원정책을 준비하고 있다.

사회공헌활동 지원사업

사회공헌활동지원사업은 유급근로와 자원봉사를 결합한 모델로, 비교적 생계 걱정이 없는 퇴직자와 같은 유휴인력이 금전적 보상보다 사회공헌활동으로 자기만족도를 높이기 위한 봉사적 성격의 일자리를 의미한다. 만 50세 이상의 베이비부머가 퇴직 후 자신의 전문성과 경험을 사장시키지 않고, 공익사업을 수행하는 비영리법인이나 사회적기업 등에서 사회공헌을 할 수 있도록 후원하는 재능기부형 일자리 지원사업이다.

베이비부머는 대부분 퇴직 후에도 그들의 전문성과 경력을 사장시키지 않고 활용하고 싶은 욕구가 매우 강하나, 현실적으로 재취업이나 창업이 쉽지만은 않다. 이에 착안하여 사회적기업, 사회적경제기업과 같은 지역 기반의 비영리기관과 단체에서 자신의 재능을 활용해 자문을 해주거나, 기술을 활용할 수 있도록 국가에서 수당과 실비를 지급하는 구조다.

만 50세 이상, 해당 분야 3년 이상의 경력자라면 지원이 가능하다. 지원분야는 특별한 제약 없이 경영전략, 인사노무, 외국어, 사회서비스, 마케팅, 홍보, 재무회계, 문화예술, 정보통신, 정보화, 상담, 멘토링, 컨설팅, 교육연구조사 등 다양하다. 이외의 특수 분야도 운영기관과 협의하면 얼마든지 활동이 가능하며, 연 최대 480시간까지 활동할 수 있다. 만일 일주일 15시간, 월 60시간을 참여한다면 최대 8개월간 활동이 가능하다. 고용노동부에서 주관하며 2015년에는 7개 광역자치단체, 14개 기초자치단체와 함께 최대 5,500명까지 지원할 예정이다.

문의처: 사)한국비서협회(www.kaap.org), 사)복지네트워크협의회,
　　　　사)고령사회고용진흥원(www.ask.re.kr), 유어웨이(happy.naver.com)

분야	활동 예시
지역사회개발	모금활동(펀드레이징), 대외협력·마케팅 등
교육상담	법률상담, 건강상담, 경영상담, 청소년상담 등
숙련기술활용	통번역, 법률·노무·세무 컨설팅 등
정보화분야(그룹)	홈페이지 업그레이드, 컴퓨터 유지 보수, 웹디자인 등
시설관리(그룹)	건축시설관리 및 상담, 시설 조경 등
홍보(그룹)	홍보기획 등
문화, 예술(그룹)	인형극, 동화책 읽어주기 등

[사회공헌활동 예시]

만 64세 이하의 퇴직(예정)자 중 사회공헌활동을 희망하는 사람들은 서류전형 후 참여가 가능하고, 해당 사업을 시행하는 지역의 거주자를 우선적으로 선발한다. 선발된 참여자는 무료로 실시되는 기본교육과 사회공헌활동 실습에 참여한다. 사회공헌활동 중 2~5개월간 탄력적으로 실비(식비, 교통비 등)가 지원된다.

● **해외에서 활동하기**

경술국치, 8·15광복, 한국전쟁……. 우리나라의 근현대사다. 일본 제국주의자에게 나라를 빼앗겼던 경술국치가 100여 년 전 일이었고, 1945년 광복 이후 좌우로 나뉘어 혼란의 시기를 지나왔다. 우리나라 50대 아빠는 80년대 전후 읽었던 해전사(해방전후사의 인식)에 대한 기억도 있을 것이다. 동족상잔의 비극인 한국전쟁. 모든 것이 파괴된 대한민국은 당시 세계 10대 최빈국 중 하나였다. 태국의 국민소득이 우리보다 높았으며, 필리핀은 우리 기준으로 선진국 중 한 곳이었다.

혹시 '새마을노래'를 기억하는가? "새벽종이 울렸네, 새 아침이 밝았네." 1970년에 새마을운동을 시작하면서 '조국 재건', '조국 근대화'라는 구호 아래서 울려 퍼지던 노래다. 새벽에 별 보고 출근하고 한밤중에 달 보고 퇴근하면서 밤낮 가리지 않고, 휴일 없이 일한 사람이 50대 아빠다.

이 결과 대한민국은 한강의 기적을 이루었고, OECD의 일원이 되었다. 또한 1988년 서울올림픽, 2002년 한일월드컵, 2011년 세계육상대회, 2012년 여수세계박람회 등을 개최하며 세계적으로 이름을 알렸다. 이렇게 대한민국의 국격이 성장하면서 이제는 원조를 받는 수혜국에서 원조를 하는 공여국이 되었다.

이러한 해외원조활동은 ODA(Official Development Assistance, 공적개발원조) 활동으로 나타난다. 간단히 말하면 선진국의 정부나 공공기관이 개도국에게 이들의 경제, 사회발전 및 복지증진을 목적으로 공여하는 증여(Grant) 및 양허성 차관을 말한다.

우리나라의 경우 기획재정부의 유상원조와 외교통상부의 무상원조로 나뉘는데 무상원조는 코이카(KOICA)가 대표적인 시행기관이다. 또 30여 개 다양한 부처의 해외활동을 월드프렌즈(Worldfriends)라는 브랜드로 통합하여 시행하고 있다.

중요한 것은 전 세계에서 수혜국이 공여국으로 전환된 경우는 대한민국이 유일하다는 사실이다. 세계 ODA국가에서 대한민국의 ODA활동을 주목하는 이유는, 우리가 개발 경험이 있는 유일한 국가이기 때문이다.

대한민국은 '경제개발5개년계획'으로 대표되는 계획경제 아래 성장하였고 또 이 개발계획안을 세우고 실제 현장에서 실행한 주체들이 살아 있는 국가다. 또한 단순히 경제개발만 이룬 것이 아니고 민주화까지 이룬 국가 아닌가.

이러한 경험을 가진 50대 아빠가 ODA활동에 참여해 경제발전에 대한 경험과 어려움을 예측하고 함께 나눈다면 ODA활동이 단순하게 봉사나 자금을 지원하는데 그치는 것이 아니고 진정한 경제발전 및 사회발전으로 진전될 수 있을 것이다.

●중장기자문단과 해외전문가 파견사업

대표적인 무상원조사업으로 관련 분야에서 10년 이상의 경력을 갖춘 전문가를 대한민국의 비용으로 개발도상국 등 수원국가에 파견하는 사업이다. 먼저 파견 대상국이나 유관기관으로부터 전문가 자문이 필요한 부문에 대한 수요조사 및 구체적인 활동에 대한 직무기술서를 접수한다. 이를 토대로 파견 계획을 수립한다. 매년 2차례(상반기, 하반기) 모집공고를 내고 적격자를 선발하는데, 선발자에 대해서 파견 대상국의 의견을 조회한다. 적합한 사람이 선발되면 파견 전 국내교육(ODA교육, 현지정보, 지침교육)을 한 뒤 파견 및 자문활동을 실시한다. 활동 종료 후에는 귀국해서 자문활동의 결과를 평가한다.

중장기자문단은 코이카에서 주관해 선발·파견·관리하고, 해외전문가파견사업은 정보통신산업진흥원(NIPA)에서 주관한다는 차이가 있다. 주관하는 기관의 성격 차이가 있기 때문에 해당 국가의 수요에 따라 코이카의 중장기자문단과 정보통신산업진흥원의 해외전문가파견사업으로 영역을 나눈다. 중장기자문단에서는 교육, 보건의료, 공공행정, 산업에너지, 농림수산 등에 중점을 두며 해외전문가파견사업에서는 정보통신, 에너지자원, 산업기술 등 산업기술 관련 전문가들을 주로 파견한다.

아시아 12개국, 아프리카 8개국, 중남미 4개국, 동구/CIS 2개국 등 총 26개국을 중점협력국가로 지정하여 지원하고 있다. 파견 대상자는 봉사정신을 갖춘 퇴직(예정)자로서 관련 분야에서 10년 이상의 실무경험이 있는 사람이다. 또 영어로 강의, 자문, 보고서 작성이 가능해야 하고, 6개월 이상 현지에서 활동할 수 있어야 한다. 활동기간은 수요국의 요청에 따라 6개월에서

1년이지만, 파견 후 현지 요청에 따라서 최대 3년까지 근무할 수 있다.

선발된 사람에게는 현지생활비 월 4,000달러, 현지활동지원비 500달러, 출장비(일비, 식비, 숙박비, 교통비 등), 왕복항공료, 기타경비(출국준비, 보험, 건강검진, 예방접종, 여권 및 비자 등)가 제공된다. 기본적으로는 단독부임이 원칙이나 배우자의 비용을 직접 부담하면 부부가 함께 파견될 수도 있다.

김현태 씨(59세)는 키르기스스탄 교육부 장관과 관련부서 국장, 과장과 함께 IT시스템 개선과 DB관리 방법에 대한 마라톤 회의에 참가했다. 김현태 씨 명함에 표기된 직함은 '키르기스스탄 교육부 IT자문관'이다.

김현태 씨가 코이카에서 주관하는 '중장기자문단'의 일원으로 키르기스스탄의 수도인 비쉬켁에 도착한 것은 1년 전이었다. 김현태 씨는 대학에서 전자공학을 전공하고 대기업 계열 전자회사에 입사하여 컴퓨터 하드웨어 영업으로 사회생활을 처음 시작했다. 그후 공공부문 전산시스템 영업파트 책임자를 거치면서 어느덧 관련된 IT분야에서는 '김현태가 최고야!'라는 찬사를 받았다. 하지만 산이 높으면 골도 깊다고 했는가? 회사의 정책이 바뀌면서 그는 퇴직을 종용받았고, 두말하지 않고 사표를 제출했다. 그때 그의 나이가 55세였다.

퇴사하면서 외국계 IT회사에서 함께 일하자는 제의가 들어왔는데, 제시하는 조건도 괜찮고 '외국회사이니 국내기업과는 다른 뭔가가 있겠구나!'하는 기대감에 입사를 결정했다. 하지만 그곳에서의 생활은 이상과 달랐다. 아니 환상에 불과했다. 회사의 제도는 외국의 본사 규정을 그대로 적용하는데, 일하는 방식은 국내기업과 다를 것이 없는 것이다. 결국 6개월 만에 적응하지 못하고 또다시 사표를 제출했다.

의욕에 넘쳐 시작했던 재취업에 적응하지 못하고 중도 포기한 자신이 너무 한심하고, 가족들과 주변 사람들을 볼 면목도 없었다. 의기소침해져 있던 때 초등학교 동창의 딸 결혼식에서 오랜만에 초등학교 동창들을 만났다. 그 자리에서 다른 동창으로부터 코이카 중장기자문단에 대한 이야기를 들었다. 무엇보다 매력적이었던 것은 사회생활을 하면서 쌓아온 경력과 노하우를 개도국에 전수할 수 있다는 점이었다.

모임에서 돌아와 홈페이지를 방문하니 사전설명회에 대한 공지가 있었다. 호기심에 참석해보기로 했다. 직접 참석해서 안내를 받으니 점점 더 자신에게 적합하다는 느낌이 들었다. 집에 돌아와 찾아보니 키르기스스탄 교육부에서 웹사이트 개선 관리 등에 대한 전문가를 필요로 하고 있었고, 첨부된 직무기술서를 확인해보니 자신의 경력이면 지원이 가능할 것 같았다.

키르기스스탄 교육부에서는 영어를 요구했고 러시아어 가능자는 우대한다고 했는데, 러시아어는 몰라도 영어는 런던지사에서 5년 동안 근무한 경험이 있었기 때문에 자신이 있었다. 키르기스스탄에서 요구하는 직무기술서를 바탕으로 섬세하게 지원서를 작성했고 서류심사와 몇 차례 심층면접을 거쳐서 최종 합격통보를 받았다.

현지에 파견되기 전에 해당 기수의 자문단원들이 5주간의 합숙교육을 진행했는데, 70여 명이 아프리카, 남아시아, 남미, 동구 및 CIS 등 다양한 지역으로 파견될 예정이었다. 분야도 교육, 의료, IT, 농어촌 개발 등 다양했다. 이 과정에서 각각 다른 분야에서 종사하던 사람들이 자연스럽게 함께 교류하게 되었고 새로운 관계를 형성하게 되었다.

9월에 교육을 마치고 11월에 현지에 도착했다. 교육부 해당 부서 책임자와 장관과 인사를 나누고 현지에서 필요로 하는 부분에 대해서 구체적으로 정리했다. 김현태 씨가 제일 먼저 그곳에 요구한 것은 현지 IT환경을 이해하기 위해서 현지 업체에 방문하는 것이었다.

김현태 씨는 현지 IT환경을 분석한 다음 문제점을 도출했고 이것에 대한 개선방안을 포함한 보고서를 장관에게 제안했다. 또 이를 바탕으로 제도를 보완하고 현지 직원들에 대한 교육을 함께 진행하고 있다. 그러면서 중간 진행상황에 대해서 교육부 장관을 비롯한 책임자와 수시로 미팅을 진행한다. 처음 키르기스스탄에서 요청한 기간은 1년이었지만 김현태 씨의 자문을 토대로 진행하는 프로젝트가 완성되지 않았기 때문에 자문기간을 1년 연장해 줄 것을 요청했고, 그는 현지에서 자문활동을 계속하고 있다.

김현태 씨는 중장기자문단 활동을 하면서 현지 생활비로 4,000달러를 지급받으며, 필요한 활동비를 별도로 500달러 한도 내에서 지원받는다. 이 금액이면 현지에서 숙소를 구하고 생활하는 데는 크게 부족함이 없다. 자문활동과 교육을 하는 틈틈이 현지의 다양한 곳을 방문하면서 스트레스도 풀었고, 1년이 지난 시점에서는 공식적으로 2주 휴가를 얻어 한국을 방문해 가족, 친지와 시간을 보낼 수도 있었다.

김현태 씨는 키르기스스탄 현지 사람과 분위기가 무척 잘 맞는 것 같았다. 앞으로 IT환경 개선 프로젝트를 마친 후에도 계속 그곳에 머물며 현지 대학에서 전공과 관련된 강의를 하려고 생각하고 있다.

chapter 06

정글에서 다시 쓰는 50대 아빠의 멋진 이력서

50대 후반에 이력서를 쓸 때는 일에 대한 시각 확대가 필요하다. 이제까지 해왔던 일이 아닌 60세 이후부터 100세까지 할 수 있는 일을 준비해야 한다. 조급하게 생각하지 말고 내가 가장 큰 성과를 낼 수 있는 것을 일에 적용시켜 활용하자.

몇 살부터
노인일까?

2013년 보건사회연구원에서 노인의 기준에 대한 인식조사를 진행했는데 전체의 절반이 넘는 53%가 '70세가 넘어야 노인으로 볼 수 있다.'고 대답했다. 국민의 인식이 이렇다 해도 실제로 전 세계적으로 노인의 기준은 65세다. 우리나라에서 경로우대증이 나오는 나이도 만 65세이며, 세계 각국에서 노인의 수를 집계할 때 기준으로 잡는 연령도 65세다. 전체 국민 중 65세 이상 노인의 비율이 7%를 넘으면 '고령화사회(Aging Society)', 14%가 넘으면 '고령사회(Aged Society)', 20%가 넘으면 '초고령사회(Super-aged Society)'라고 정의한다.

우리나라의 경우는 고령화의 속도가 무척 빠르게 진행되고 있다. 이미 2000년에 고령화사회에 접어들었으며, 2017년에는 고령사회, 2026년에는 초고령사회가 도래할 것으로 예상된다. 문제는 이 속도다. 고령화사회에서 고령사회로 진입하는데, 이탈리아가 61년, 미국이 72년, 프랑스가 115년이 걸렸는데 우리는 17년에 불과하다.

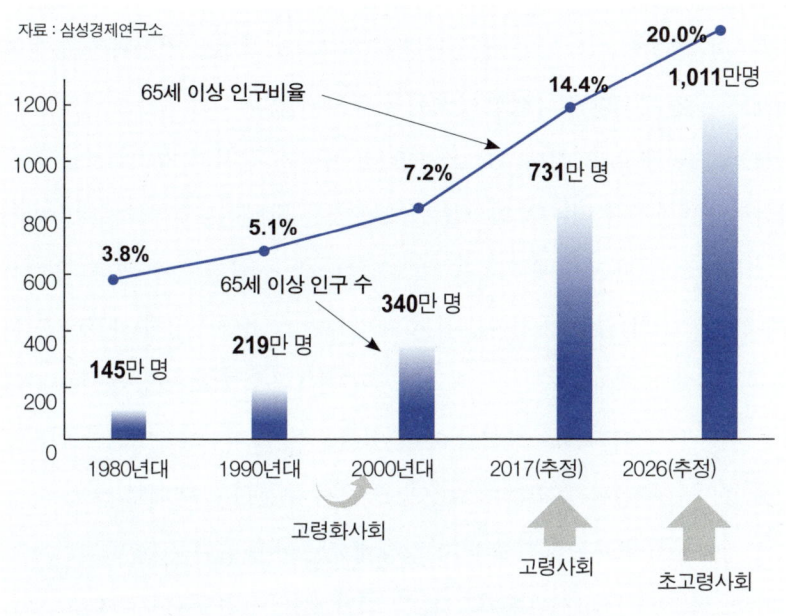

[우리나라의 고령화 속도]

많은 사회학자들이 빠르게 고령사회로 진입하면서 나타나는 문제를 걱정하고 있다. 하지만 이력서를 쓰는 50대 아빠 입장에서는 어쩌면 이것은 새로운 기회다. 노인 인구 비율이 20%가 되는 2026년이면 대한민국의 노인인구는 1,000만 명이 넘게 되는데, 다시 생각하면 1,000만 명의 노인시장이 새롭게 형성된다는 의미이다.

일본의 1회용 기저귀 생산회사는 출산율이 떨어지면서 유아용 기저귀 매출이 심각하게 감소했지만 새로운 도약기를 맞이했다. 노인인구 비율이 25%가 넘어서면서 성인용 기저귀 수요가 급격하게 늘었고, 이제는 유아용 기저귀 시장 규모보다 성인용 기저귀 시장 규모가 더 커진 것이다. 우리나라도 유사한 양상이 나타난다. 일본만큼은 아니지만 성인용 기저귀 수요가 늘면서, 광고를 비롯한 적극적인 마케팅을 펼치고 있다.

좀 더 고민해보자. 이력서를 쓰는 50대 아빠가 갑자기 펄프회사를 인수해서 성인용 1회용 기저귀 회사를 만드는 것은 현실적으로 어려운 일이다. 또 소비자의 기저귀 구매 유형을 보아도 어려움을 발견할 수 있다. 유아용 1회용 기저귀의 경우 대형마트에서 쇼핑하면서 자연스럽게 카트에 담아서 계산대에서 결제하지만, 아직까지 성인용 1회용 기저귀를 카트에 담아 계산하는 것은 어지간한 강심장 아니면 쉬운 일이 아니다. 그러나 인터넷이나 개인용 통신판매 또는 홈쇼핑을 통해서 주문하고 택배로 받을 수 있는 구매방법이 확보된다면 소비자 입장에서는 아주 고마운 일일 것이다.

이력서를 쓰는 50대 아빠가 그동안 직장생활, 사회생활을 하면서 쌓아온 노하우, 경륜, 인맥 등을 적극 활용한다면 소비자들의 문제를 해결할 수 있는 다양한 방법을 제시할 수 있을 것이다. 이것이 바로 50대 아빠의 저력이다.

우리보다 고령화가 먼저 진행된 외국의 사례는 우리에게 많은 시사점을 준다. 미국에서는 고령사회에 들어서면서 각광받게 될 직업을 소개했다. 그중 관심을 갖고 지켜볼 만한 직업은 다음과 같다.

① 환자도우미

환자도우미는 '간병사' 또는 '요양보호사'라는 명칭으로 불리며 실제로 많은 사람이 현업에 종사하고 있다. NH투자증권 100세시대연구소에서는 미래 유망 5대 직업에 재택요양사(홈케어 기버)라고 하는 발전된 개념까지 소개했다. 고령화가 진행될수록 요양산업의 시장 규모도 빠르게 증가할 것이며, 요양시설에서 집으로 요양의 영역이 확장될 것으로 본 것이다. 또 요양사의 역할도 보통의 간병인 개념에서 좀 더 확장되어 환자의 육체적인 부분은 물론이고 심리적인 부분까지 섬세하게 돌봐주는 서비스를 제공하기 때문에 '케어 기버'라는 새로운 이름을 붙였다.

② 휘트니스트레이너 / 건강관리도우미

휘트니스트레이너, 건강관리도우미 역시 자연스럽게 우리의 생활 속에 들어와 있다. 노인복지관을 중심으로 다양한 분야의 건강관련 강좌가 개설되어 있고, 전문적인 휘트니스트레이너도 활동하고 있다. 이러한 추세는 대학입시에서 체육관련 학과의 경쟁율에도 영향을 미치고 있다.

③ 청각학자

청각학자는 노인의 건강상태와 밀접하게 관련이 있다. 인간의 노화과정에서 청각 능력이 떨어지는 것은 자연스럽게 나타나는 현상이고, 이와 관련된 다양한 시장기회가 생기고 있다. 가장 대표적인 것이 보청기 사업인데, 초창기 사회적기업인 딜라이트를 주목할 만하다. 딜라이트는 저가형 보청기를 개발하고 보급하는 회사다.

우리나라 노인 중 40%가량이 청력에 문제를 가지고 있는 것으로 나타났는데, 보청기가 워낙 고가인 탓에 보청기를 착용한 노인은 7%에도 미치지 못한다. 난청으로 의사소통에 어려움을 겪고 사회성이 떨어지게 되면 결국 노인들의 경제력이 저하돼 가정과 사회의 부담으로 이어진다. 하지만 보청기는 한 대당 200만 원 이상의 고가품이고, 정부에서 보청기 한 대당 지원하는 보조금은 20~40만 원으로 매우 낮았다.

딜라이트는 이런 점을 보완하기 위해서 저가형 보청기를 개발했다. 딜라이트 보청기는 34만 원이다. 가격을 이렇게 책정한 이유는 청각장애인이면서 기초생활수급자인 경우 정부에서 최대 34만 원을 지원해주고 있어, 소외계층이 무료로 보청기를 살 수 있기 때문이다.

④ 노인전문 부동산중개사 / 노인을 위한 집안개조전문가

노인을 위한 집안개조전문가는 우리나라에서 성장의 여지가 많은 분야다. 최근 한국에는 자연과 더불어 노후를 보내려는 사람이 늘고 있으며, 이런 목적으로 서울 근교 또는 지방에 많은 전원주택이 생기고 있다. 하지만 여기서 검토해야 할 것이 있다. 노후를 보내기 위한 집이라면 앞으로 10년, 20년 후 나와 아내가 70세, 80세, 경우에 따라서는 90세 이후에도 거주할 곳이라는 것이다. 이때 나를 도와줄 가사도우미를 고용하는 것도 쉬운 일이 아니고 결국은 나와 아내가 둘이 생활하게 될 테니 전원주택을 지을 때 이런 상황을 반영해야 한다.

노인을 위한 실내 인테리어에는 몇 가지 고려할 것이 있다. 실내의 문턱을 없애야 한다. 노인들은 반사신경이 둔하기 때문에 문턱에 걸려 넘어질 가능성이 있고 또 휠체어를 이용할 때를 대비한 것이다. 마찬가지로 휠체어가 다녀야 하기 때문에 문이 넓어야 한다. 화장실 변기에 지탱할 수 있는 보조 손잡이는 필수다. 또한 거실 벽에도 지지할 수 있는 손잡이를 설치해야 한다.

외부와 출입하는 현관문도 휠체어의 통행을 고려해서 넓어야 하며, 계단이 있는 경우에는 휠체어가 다닐 수 있는 통로를 만들어야 한다. 이러한 세세한 부분은 일반 주택 건축이나 인테리어와는 차이가 있으며, 노인을 위한 인테리어는 새로운 분야라고 할 수 있다.

⑤ 은퇴코치

은퇴코치는 우리나라에서 새롭게 각광받는 분야다. 그동안 대학의 평생교육센터, 사회단체, 공공단체를 통해서 다양한 이름으로 노후설계전문가, 전직설계전문가 양성과정이 있었고, 많은 은퇴자가 이에 대한 교육을 이수했다. 또한 2014년 고용노동부와 기획재정부, 미래창조과학부 등 13개 관계부처 및 기관은 새로운 일자리 창출을 위해 전략적으로 육성하고 지원할 '신(新)직업'을 선정했는데, 그중에는 은퇴코치와 관련된 '노년플래너', '전직지원전문가' 같은 직종이 포함되었다.

이밖에도 고령화사회에서 눈에 띄는 직업에는 영양사, 노인전문운전기사, 오락치료학자, 재무상담전문가 등이 있다.

특히 오락치료학자는 많은 시사점이 있다. 2013년 보건복지부에서는 '노후준비지표'를 발표했다. 고령화가 지속되면서 노후생활에 대한 관심은 높아지는데, 어떤 준비를 어떻게 해야 하는지를 몰라 막연한 불안감이 싹트고 있었다. 이에 노후준비를 위해서는 어떤 것들이 필요하고, 어느 정도 준비하면 된다는 기준을 제시하기 위해서 '노후준비지표'를 개발한 것이다.

행복한 노후생활을 영위하기 위해서는 '사회적 관계', '건강', '재무(은퇴 후 일을 포함)', '여가' 등 4개 분야가 필요한데, 중요한 점은 이 4개 분야가 각각 독립된 것이 아니고 건물의 네 기둥처럼 서로가 서로를 지탱해주는 역할을 한다는 사실이다. 만일 한 개의 기둥이라도 부실하면 이 건물은 결국은 무너진다.

그리고 리서치를 통해서 국민들이 각 영역에 대해서 얼마나 준비하고 있는지를 조사해보니 상대적으로 '여가' 분야에서만 준비도가 미흡한 것으로 나타났다. 60세 이상의 장년층이 가장 많이 즐기는 여가는 TV 및 비디오시청이 71.4%로 압도적으로 높게 나타났고, 그 외의 여가활동은 매우 미비했다.

1994년 고령사회를 거쳐 2006년에 초고령사회에 진입한 일본의 경우 많은 마케터가 노인시장이 크게 성장할 것으로 기대했다. 하지만 결과는 생각만큼 빠르지 못했다. 그 원인은 역설적이게도 고령화였다. 전 일본국민 중에서 가장 많은 자산을 보유한 그룹이 노인층이었는데, 앞으로 10년을 더 살지, 20년을 더 살지 모르는 상황이니 어떻게 가지고 있는 자산을 소비하겠는가? 하지만 정부지원과 관련된 분야에서의 성장세는 상대적으로 높은 것으로 나타났다. 노인과 관련된 시니어 비즈니스를 준비할 때는 정부지원과 관련된 아이템이 상대적으로 안정적일 수 있다.

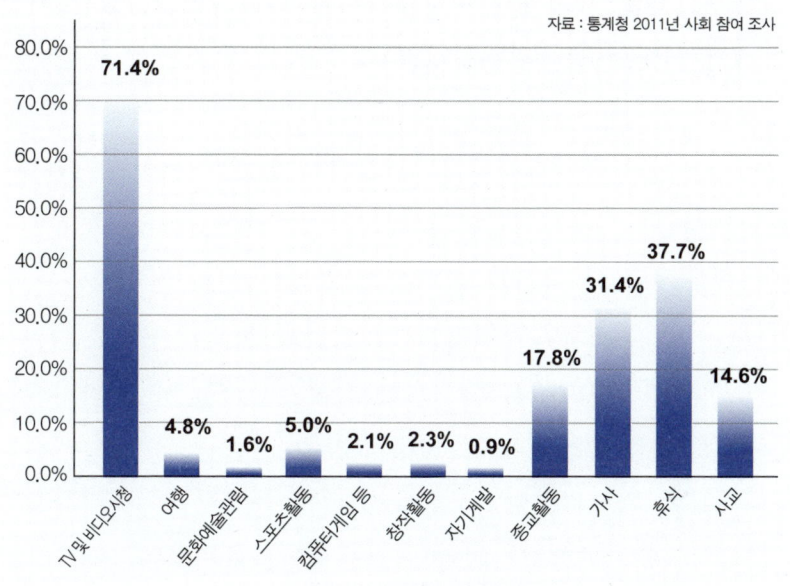

[60세 이상의 여가활동]

이런 면에서 살펴보면 고령화가 지속되면서 여가활동에 대한 요구는 점점 늘어날 것으로 예상되고 이를 지원할 수 있는 다양한 분야의 전문가가 필요할 것이다.

노인을 대상으로 한 재무전문가 역시 그 성장이 기대된다. 많은 금융회사에서 재무상담전문가를 양성했고 또 많은 전문가가 활동하고 있다. 그러나 전문적으로 노인을 대상으로 활동하는 재무전문가가 부족한 상황이다. 고령화 추세 속에서 가장 큰 수혜가 예상되는 분야가 바로 금융이다. 금융업종 유경험자가 관심을 가져야 하는 부분이 금융노년학이다. 금융노년학이란 나이가 들어가는 과정을 연구하는 학문으로 다양한 재무적, 비재무적 이슈를 이해하고 해결하고자 한다. 이에 대한 이론적인 무장을 갖춘 금융노년전문가에 대한 수요는 확대될 것이 확실하다.

아빠는
살아남아야 한다

　50대 초반에 정글로 내던져진 아빠는 부담이 크다. 자녀는 대학 진학을 앞두고 있거나 재학 중이고, 살고 있는 아파트 융자금도 많이 남아 있다. 또 몇 년 후면 자녀들이 결혼도 해야 하니……. 정말 많은 자금이 필요하다. 이런 중요한 시기에 정글로 나오게 되었으니 답답하기도 하고, 아쉽기도 할 것이다. '몇 년만 더 직장을 다닌다면 문제가 없을 텐데. 아니면 좀 더 젊었을 때 나왔다면 지금보다 훨씬 나을 텐데.'하는 생각이 들 것이다. 하지만 사실 언제 나왔던 간에 차이는 없다. 지금 현실을 이해하고 지혜롭게 대처하는 것이 중요하다.

　먼저 가족이 함께 현재 상황을 정확하게 이해하고 경제적인 부분에 대해 공유할 필요가 있다. 구직활동은 생각보다 많은 시간과 비용이 요구된다. 현재 재무상황을 정확하게 파악하고, 가계 지출에서 줄일 부분은 과감하게 줄여야 한다. 향후 6개월에서 1년 동안 소득이 끊길 기간에 대한 대비를 해야 한다. 또한 새로운 경력을 개발하기 위한 교육, 훈련비도 필요하다.

새로운 일을 구할 때에는 막연한 구직활동이 아닌 정부 지원기관을 활용해서 구직서류의 완성도를 높여야 한다. 자신의 경력에 대해서 명확하게 분석한 다음 이를 바탕으로 방향을 정하고, 구체적인 전략을 수립해야 한다. 이제부터 자신의 메인활동은 구직이다. 만일 누가 직업이 뭐냐고 물어보면 '구직자'라고 대답하자. 이제부터 내 모든 일상은 구직활동에 초점을 둬야 한다. 아침 6시에 일어나서 운동하고 씻고, 구직센터로 출근해야 한다. 오전에는 관련된 정보를 확인하고, 내 이력서를 업데이트한다. 오후에는 구직활동에 도움이 될만한 사람들을 만나고, 저녁에는 구직과 관련된 정보를 얻기 위한 활동을 해야 한다. 이렇게 하루 16시간 이상을 구직과 관련된 일에 몰두해야 한다. 언제까지? 구직에 성공할 때까지.

송대호 씨(53세)는 지난 3월 대기업 생활용품팀에서 부장으로 퇴직했다. 젊었을 때 ROTC를 제대하면서 바로 취업했는데, 대기업에 입사했다는 자부심과 후배들의 부러운 눈길을 받으며 첫 출근을 했다. 처음 주어진 업무는 일선 매장을 관리하는 업무였다. 새로 개점하는 매장을 지원하기 위해서 새벽 5시에 출근하는 일은 다반사였으며, 밤샘 작업은 기본이었다. 경력이 쌓이면서 업무영역이 넓어지더니 브랜드매니저까지 올라갔고 신규브랜드를 발매하는 업무까지 맡았다. 회사로부터 인정받았고, 해당 부문을 책임지는 본부장까지 승진했다. 하지만 능력이 아무리 뛰어나도 직장인의 범주에서 벗어나지는 못하고 결국 정글로 내처졌다. 처음에는 젊은 나이에 퇴직했다는 자괴감도 있었고, 주변 사람들게 창피하기도 했지만, 이제 고등학생인 아이들을 생각하니 맥없이 있을 때는 아니었다.

먼저 아내에게 현재 상황을 있는 그대로 이야기하고, 자신이 생각하는 향후 방향과 계획에 대해서 상의했다. 그리고 앞으로 예상되는 수입은 240일간 지급이 예정된 실업급여가 전부임을 공유하고, 줄여야 할 불필요한 지출 항목을 정리했다. 송대호 씨는 자신이 사용하는 승용차를 처분하기로 했다. 아내가 아이들 학원을 데리고 다니는 데 사용하는 승용차보다 그의 승용차가 크고, 유지비도 많이 들기 때문이었다. 그리고 가능하면 대중교통을 이용하기로 했다. 또 무한요금제인 휴대전화 요금제도 기본 통화시간이 월 200분인 한정요금제로 변경했다. 이 두 가지 항목만으로도 지출을 꽤 줄일 수 있었다. 부인은 송대호 씨의 결단에 많이 놀라는 눈치였다.

고용센터에서 실업급여를 신청하면서 구직등록을 하고 적극적인 구직활동을 시작했다. 중장년일자리희망센터를 방문해 전문적인 교육과 상담을 받으면서 경력을 점검하고, 체계적인 구직전략을 수립했다. 그것을 바탕으로 이력서와 자기소개서를 정교하게 다듬기 시작했다. 더불어 주변 지인들에게 자신이 퇴직했고, 구직 중이라고 이야기했다. 그 이야기를 들은 송대호 씨의 지인들은 그의 인간됨과 실력을 알고 있기 때문에 주변에 적극적으로 그에 대한 이야기를 하기 시작했다. 또한 지속적으로 인터넷 채용사이트를 서치하면서 새로운 정보에 소홀하지 않으면서 자신과 맞을만한 기업에 공격적으로 구직서류를 제출했다.

물론 처음 몇 개월은 좌절의 연속이었다. 과거 근무했던 회사에 비하면 비교도 할 수 없이 작은 곳에 서류를 제출하면서 '나 정도 스펙이면 문제없

겠지!' 했는데, 무려 40대1이라는 엄청난 경쟁률을 뚫지 못했다. 또 우연히 채용정보를 입수해서 지원한 소규모 기업에서는 이런 일도 있었다. 담당 영업부장이 면접을 본 후에 연락을 주겠다고 했다. 송대호 씨는 한참을 기다리다가 연락이 없어 포기했는데, 나중에 지인을 통해 알아보니 그 회사 사장은 자신에 대한 이야기는 듣지도 못했다는 것이다. 즉, 중간에 면접을 본 영업부장이 본인보다 훨씬 뛰어난 송대호 씨의 능력에 위기감을 느끼고 사장에게 보고하지 않았던 것이다. 그 후로는 이력서도 두 가지 버전, 즉 경력을 제대로 기술한 이력서와 경력을 낮게 세탁한 이력서를 준비해서 회사 규모에 따라 맞는 이력서를 제출한 후 최종 결정권자 면접에서 진짜 실력을 보이는 전략도 세웠다.

이러한 노력으로 8개월 후 서울 근교에 위치한 중소 생활용품 제조회사에 영업책임자로 취업하게 되었다. 송대호 씨는 이곳에서 자신의 능력을 발휘하여 유통망 다변화에 성공하면서, 1년 만에 회사 매출을 전년대비 200%까지 성장시켰다. 지금은 영업뿐이 아닌 전체 상품 책임본부장으로 활동하고 있다.

평생
내 일을 찾자

    앞에서 소개한 '2015년 중소중견기업의 중장년 채용계획 및 채용인식 실태조사'에서 재취업에 성공한 중장년 중에서 2년 이상 근속한 사람들의 비율은 28.9%에 불과한 것으로 나타났다(6개월 미만 13.2%, 6개월~1년 28.6%, 1~2년 29.8%). 물론 내가 이 28.9%에 속해서 2년 이상 한 직장에서 근무할 수도 있지만 현실적으로는 끝없이 새로운 일을 찾는 굴레에서 벗어날 수 없다는 이야기다. 하지만 나이는 들어가고 이러한 구직활동은 점점 한계에 부딪힌다. 반면 고령화에 따라 살아갈 시간은 점점 늘어난다.

    이런 면에서 생각해보면 우리가 50대 후반에 이력서를 쓸 때는 일에 대한 시각을 확대할 필요가 있다. 이제까지 해왔던 일이 아닌 60세 이후부터 100세까지 할 수 있는 일을 준비해야 하는 시기다.

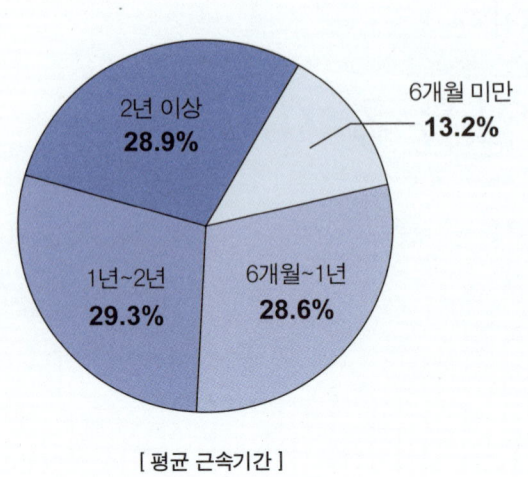

[평균 근속기간]

여기서 우리는 과감하게 일에 대한 기준을 바꿀 필요가 있다. 이제까지의 전통적인 일의 개념은 '노동'이었다. 즉 이제까지의 일의 개념이 용역과 서비스를 제공하고 그에 대한 대가로 보수를 받는 것이었다면, 앞으로는 이러한 일의 포트폴리오를 확장할 필요가 있다.

전통적인 일의 개념과 더불어 내가 좋아하는 취미활동, 남을 돕는 봉사활동이나 사회공헌활동, 집안일을 돕는 것, 새로운 것을 배우는 것 모두를 일의 영역으로 확대해서 생각해보자. 이렇게 생각하면 내가 할 수 있는 일이 꽤 많이 늘어난다. 취미를 일과 연계시켜 생각하면 일 자체가 즐거울 수밖에 없다.

필립강갤러리의 강효주 대표는 젊은 시절부터 철저한 준비를 통해서 자신의 취미를 일로 승화시킨 대표적인 인물이다. 어린 시절부터 문화예술에

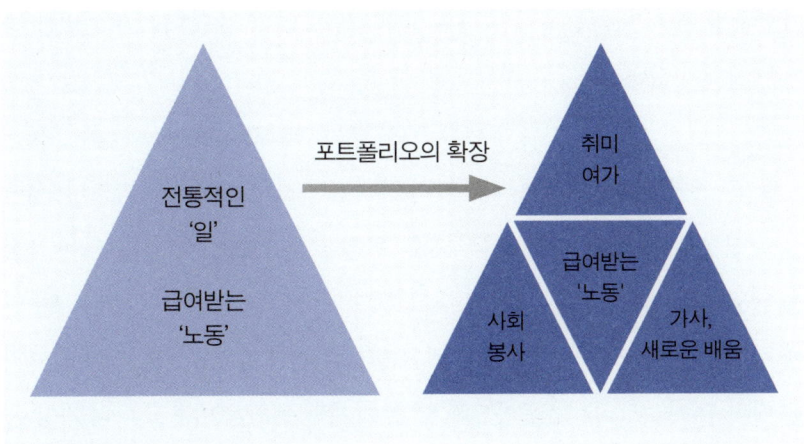

관심이 많던 그는 대학시절 청계천 헌책방을 뒤져 미술과 관련된 책을 섭렵했다. 대학에서 행정학을 전공하고 74년부터 은행에서 직장생활을 했지만 그는 '50세가 되면 하고 싶은 일을 하면서 살겠다.'고 생각했다. 말뿐만이 아니라 평소에 그가 좋아하던 문화예술을 즐기면서 철저한 준비를 했다. 주말이면 서울시내의 문화행사에는 모두 참석했고 그러는 과정에서 문화계 인사들과의 교류가 생겼다. 그러다 미술과 관련된 안목과 식견을 인정받아 미술평론을 의뢰받았고, 미술평론가라는 타이틀을 달았다. 이론과 관련된 강의를 하다가 결국 그가 원했던 대로 2001년에 은행원생활을 그만두고 평론가와 교수로 새로운 삶을 시작했다. 현직에 있을 때 모아둔 그림을 바탕으로 2004년 필립강갤러리를 개관했고, 지금은 전문 갤러리로 그 명성을 떨치고 있다. 아울러 갤러리 부설로 필립강미술연구소도 운영하고 있다.

강효주 대표의 경우는 자신이 즐기던 분야를 철저한 준비를 통해서 50대 이후에 새로운 일로 승화시킨 경우이지만, 일반인이 평소 이러한 준비를 하기는 쉽지가 않다.

필자가 5년 전 대전노인인력개발원 강의에서 만난 참석자가 기억이 난다. 당시 연령이 70세였는데, 이 참석자는 봉침을 하는 분이었다. 63세에 봉침을 배웠는데 배운 곳이 분당이었다고 한다. 당시 대전에서 분당까지 1주일에 한 번씩 2년을 꼬박 다니면서 배웠는데, 부인께서 "아니 그 나이에 그것을 배워 뭘 하려느냐?"며 못마땅해 했다. 하지만 봉침을 배우고 나니 가장 큰 수혜자가 부인이다. 봉침이 관절염 통증을 약화시키는데 그렇게 효과가 좋다고 한다. 꾸준하게 시술하면서 경험이 쌓이니 실력도 늘었고, 주변에 소문이 나서 찾아오는 사람들도 생겼다. 지금은 소일거리와 봉사활동으로 시술하고 있는데, "뒤늦게 배운 봉침이 이렇게 도움이 될 줄은 몰랐어! 이렇게 생활한다면 90세가 되건 100세가 되건 걱정할 것 없어!"라고 하며 만족해하는 것이다. 더욱 놀라운 것은 함께 참석한 동갑내기 친구 할아버지다. 이 할아버지는 친구의 모습을 보고 1년 전부터 1주일에 한 번씩 봉침을 배우기 위해 분당으로 다닌다고 한다. 그러면서 하는 말이 "아니 친구가 63세에 뒤늦게 배운 봉침으로 이렇게 멋지게 살고 있는데, 63세나 70세나 차이가 뭐 있어? 나도 이제부터 부지런히 배워서 멋진 삶을 살 거야!"라는 것이다.

앞의 두 가지 사례에서 강효주 대표는 젊은 시절부터 50세 이후의 삶을 계획하고 실천에 옮긴 경우다. 하지만 이런 사례는 그리 흔하지 않다. 대부분의 50대 아빠가 퇴직에 임박해서 앞으로 무슨 일을 할 것인가 고민한다. 봉침의 경우는 다행스럽게도 자신에게 맞는 일을 찾고 그것을 통해서 새로운 일을 개척한 경우다. 이 경우 역시 일반적인 사례는 아니다.

요즘 청년취업이 무척이나 어렵다. 대학 졸업과 동시에 취업하는 경우는 극히 드물고 취업도 재수, 삼수를 하는 경우가 많이 있다. 심지어 취업 때문에 졸업을 늦추기도 한다. 일반적으로 남자가 군을 제대하고 대학 졸업해서 취업하는 나이는 30세에 가깝다. 사회에 진출하기 위해서 30년을 준비한다는 것이다. 준비도 그냥 준비가 아니다. 토익 900점 이상, 해외어학연수 경험, 다양한 스펙 준비 등 필요한 것이 한둘이 아니다. 그런데 역설적으로 이들이 직장생활을 할 수 있는 기간은 평균 퇴직연령 53세를 감안했을 때 25년 안팎이다. 그 전에 대학 입시를 위한 준비(학원비, 특별활동비, 컨설팅비, 어학연수비 등)에 대한 비용은 우리 50대 아빠가 부담한 것이다.

일반적으로 50대 후반에 퇴직한 아빠는 퇴직 후 30년에서 50년은 더 살 것이다. 그러면 반성해보자. 취업 전 25년을 보내기 위해서 30여 년 동안 그 많은 준비를 했는데, 퇴직 후 30년 이상을 지내야 할 우리는 지금 어떠한 준비를 했는가. 대부분의 이력서를 쓰는 50대 아빠는 현실에 치여서, 현직에서 버티기 위해서 아무런 준비도 못했을 것이다. 현직에 있을 때는 바쁘다는 핑계로 준비하지 못했다면, 이제부터는 차근차근 준비해보자. 물론 현재는 내가 무엇을 잘하고 어떤 새로운 기술이 있는지 모를 것이다.

조급하게 생각하지 말고 나의 경험을 점검해보고, 내가 가장 큰 성과를 냈던 경우를 찾아서 내가 잘하는 분야를 확인하자. 그런 분야가 확인되면 어떻게 개발하고 발전시킬지 고민하면 된다. 만일 그런 것이 나타나지 않으면 내가 좋아하고 즐거워하는 것이 뭔가 생각해보자. 그리고 부딪히는 것이다. 내가 좋아하는 것부터 시작해서 다양한 경험을 쌓는 것이 중요하다. 또한 남을 돕는 다양한 영역의 봉사활동이 있으니, 이러한 것도 적극적으로 경험해보자. 주변에 개설된 여러 가지 교육 프로그램에 적극적으로 참석해서 새로운 것들을 배워보자. 다양한 시도로 나에게 맞는 일을 찾을 수 있고, 이러한 것을 나의 일 영역에 넣으면 그 후로 내가 하는 일이 정말 즐거워진다.

중요한 것은 이것을 찾기까지 시간이 걸린다는 점이다. 어쩔 수 없다. 젊은 시절, 현역에 있을 때 준비하지 못했으니 시간투자는 해야 한다. 이 기간이 3년이 될지 5년이 될지 아니면 10년 이상이 될지는 모르겠지만, 다양한 경험을 통해서 이 기간을 줄여나가야 한다.

50대 이력서 쓰는 아빠여, '구슬이 서말이어도 꿰어야 보배!'라는 속담이 있다. 주변에 있는 구슬들을 평생직업이라는 보배로 만드는 실 역할은 우리 50대 아빠들의 적극성이다. 아빠들 파이팅!